DÉCLENCHEURS
d'éveil spirituel
DAN HAYES

Titre original :
Dan Hayes, *Fireseeds of Spiritual Awakening*, Revised Edition, (Orlando, FL: Cru Press, Campus Crusade for Christ, 2007)

Traduit avec la permission de l'éditeur. Tous droits réservés. La reproduction, la transmission ou l'enregistrement d'un extrait quelconque de ce livre par quelque procédé que ce soit — électronique, mécanique ou photographique — est interdit sans l'autorisation préalable de l'éditeur, sauf dans le cas de brèves citations destinées à des résumés critiques ou à des articles.

Traduction : Anne-Marie Montgomery
Révision : Camille Gauthier
Photographies : Comstock/Comstock/Thinkstock
Couverture : Jessica Versteeg
Mise en page : Jessica Versteeg

© 2013, 2015
Pouvoir de Changer, 20385 64 Ave, Langley (Colombie-Britannique) Canada, V2Y 1N5

Deuxième édition, novembre 2015

ISBN : 978-1-927514-15-3

À moins d'indication contraire, toute citation biblique est tirée de la *Bible en français courant*, Société biblique française, 1997.

Imprimé au Canada

REMERCIEMENTS

John Donne a dit : « Aucun homme n'est une ile, un tout, complet en soi. »

C'est bel et bien le cas quand il s'agit de la rédaction. Aucun homme n'écrit un livre tout seul. C'est la raison pour laquelle je tiens à remercier les personnes qui ont participé à la réalisation de ce projet.

Roger Randall et l'équipe nationale du ministère étudiant de Campus Crusade for Christ, USA m'ont aidé à cerner les besoins des étudiants et m'ont offert plusieurs suggestions utiles. Ney Bailey m'a encouragé à persévérer dans les moments difficiles. Judy Stewart a consacré plusieurs heures à la révision du manuscrit originel. Claude E. Robinson fils m'a aidé à organiser, réviser et dactylographier cette deuxième édition du livre.

Ces derniers dix ans, des milliers d'étudiants ont témoigné de la validité des vérités contenues dans ce livre. Ils ont aussi amélioré le contenu de cette deuxième édition en offrant de multiples suggestions à cet égard.

Ma femme Charlotte et mes enfants — Janie, Danny et Cindy — ont facilité la rédaction de cet ouvrage en me manifestant de l'amour et de la patience tout au long du processus.

Sans l'apport de toutes ces personnes (et de tant d'autres dont je ne soupçonne pas toute l'importance), la publication de ce livre et les résultats qui en découlent n'auraient jamais été possibles.

TABLE DES MATIÈRES

Remerciements	3
Préface	7
Introduction	9
Volteface sur les campus	11
Éveillé à seize ; éveilleur à vingt-six	31
Cinq prérequis pour le réveil	51
L'humilité et son rôle dans le réveil	65
Confession et repentance	86
L'exemple suprême de prière	104
La puissance de la prière fervente	115
Résultats d'un éveil spirituel étudiant	132
Conclusion	144
Postface : Satisfait ?	149

PRÉFACE

Depuis que je me suis engagé avec Pouvoir de Changer comme étudiant à l'Université Carleton pendant les années 2000, cela m'inspire de découvrir les différentes façons dont Dieu a agi inexplicablement au cours de l'histoire de l'Église. Je me souviens avoir participé à de nombreuses petites réunions de prière avec trois ou quatre autres étudiants et avoir prié ensemble que Dieu bouscule notre université de telle sorte que des centaines ou des milliers d'étudiants confient leur vie à Jésus. Nous avons prié tout en sachant que nous n'étions pas capables de déclencher un tel éveil nous-mêmes, mais que Dieu avait l'habitude d'utiliser des étudiants dans de petites réunions de prière semblables aux nôtres pour faire justement cela.

Depuis mon arrivée au Québec, le sentiment que Dieu a besoin d'agir dans le cœur des étudiants ne fait que croitre. De plus en plus, les étudiants non-croyants se rendent compte que nous avons jeté le bébé avec l'eau du bain quand nous avons mis l'Église à la porte. Mais ce qui manque toujours, c'est la conviction que Dieu a sa place dans notre société. Je suis convaincu que si cette génération de croyants ne décide pas de se mettre à genoux pour leur pays, on n'arrivera pas à transformer notre nation.

C'est avec cet espoir que nous avons traduit ce petit livre. Nous espérons que Dieu l'utilise pour appeler des centaines et des milliers d'étudiants à se mettre à genoux devant lui pour plaider pour leur génération. Nous espérons aussi qu'en priant, ils trouveront le courage de faire connaître Jésus parmi leurs pairs.

Andy Smits

INTRODUCTION

Dans son célèbre discours au collège Wheaton, Charles Malik, l'un des fondateurs de l'ONU, a dit :

> Jésus-Christ est moins bien accueilli dans les grandes universités de l'Europe et de l'Amérique que presque partout ailleurs ; la découverte de ce fait perturbant incite le chrétien à se demander comment réclamer pour Jésus-Christ ces grands centres d'éducation qui n'auraient jamais vu le jour sans lui[1].

C'est le sujet de ce livre : réclamer les collèges et les universités pour Jésus, non en faisant de l'activisme politique, mais en devenant agents d'éveils spirituels.

Les étudiants chrétiens ne peuvent s'imaginer une vie plus abondante, puissante, joyeuse et pleine de sens que celle que Dieu leur offre. Il les appelle à participer par sa grâce à un mouvement spirituel capable de délivrer les étudiants de leur apathie, de leur malaise spirituel et de la vacuité de leur existence présente.

Un tel éveil spirituel pourrait transformer nos collèges et universités d'ici peu. Dans ce livre, je vous invite à vous laisser emporter par le souffle puissant et vivifiant de l'Esprit de Dieu qui balaie les campus du monde. Vous trouverez dans ces pages une description des principes à suivre pour vous préparer au réveil, ainsi qu'un aperçu des multiples effets probables d'un mouvement étudiant puissamment animé par l'Esprit.

Je prie que Dieu attendrisse nos cœurs et nous motive à poser les fondements d'un éveil spirituel sur nos campus. Si nous suivons avec

foi et persévérance les principes décrits dans ce livre, nous serons assurément témoins de l'œuvre de Dieu. Des réveils étudiants se sont produits par le passé; nous savons donc que Dieu peut agir puissamment par son Esprit pour déclencher un éveil spirituel mondial sans précédent. Ne manquons pas l'occasion d'agir de concert avec lui pour aider les étudiants d'aujourd'hui à connaitre celui qui est l'incarnation même de la vérité, Jésus-Christ.

VOLTEFACE SUR LES CAMPUS

Dieu s'intéresse au monde entier. Par contre, son Église a souvent négligé sa mission au cours de son histoire. Ce n'est pas que Dieu se laisse sans témoins. Qu'il s'agisse d'un Nicolas Von Zinzendorf, d'un Samuel Mills, d'un C.T. Studd, d'un Robert Wilder, d'un John Mott, d'un Jim Elliot ou de mille autres encore, Dieu persiste à envoyer un homme après l'autre à l'Église pour lui rappeler ses obligations envers le monde. Et très souvent, cet homme est étudiant[2].

David Howard

Aux États-Unis, de plus en plus d'étudiants se disent chrétiens — de vrais chrétiens, et non seulement des gens qui célèbrent Noël plutôt que Hanoukka. Mais tout compte fait, cette croissance numérique ne se traduit pas par une plus grande influence pour Christ. Sur la plupart des campus, les chrétiens se démarquent peu de la foule. Ils ne sont qu'un « club » parmi tant d'autres, une sous-culture sans importance. Nous sommes loin d'être le sel de la terre ; nous sommes plutôt son extrait de vanille.

Je me promène d'un campus à l'autre à la recherche de chrétiens révolutionnaires prêts à vivre pleinement pour Christ, coute que coute. Ils se font rares. J'ai participé à d'innombrables temps de louange ; j'ai entendu des foules d'étudiants louer Dieu en chantant leurs convictions avec ferveur. Cependant, je vois très peu d'entre eux agir en conséquence — et c'est l'action qui compte à mes yeux. Lorsque les étudiants me disent qu'ils veulent partir à l'étranger au service de Christ, j'organise les voyages. C'est alors que je découvre que même si une multitude se lève pour proclamer « je chanterai tes louanges parmi les nations », seulement une poignée de disciples prend l'avion pour le faire.

Ce serait si facile de continuer ainsi, sans réfléchir, en nous satisfaisant de piètres résultats, mais choisissons autrement. Prenons le temps de réfléchir honnêtement à ces questions :

Existe-t-il des chrétiens révolutionnaires sur mon campus ?

Dieu se manifeste-t-il avec puissance là où je poursuis mes études ?

En 1 Corinthiens 4.20, nous lisons : « Car le Royaume de Dieu n'est pas une affaire de paroles, mais de puissance ». Ce verset a transformé radicalement mon cheminement spirituel et intellectuel. Il affirme qu'au contraire de toute autre activité humaine, la vie chrétienne ne se résume pas à des mots (le fait de prononcer ou de chanter les paroles propices) et ne se réduit pas à un programme quelconque (la participation à des activités propices). Vivre comme chrétien, c'est vivre une transformation spirituelle accomplie par une puissance spirituelle au sein d'une communauté spirituelle. C'est une œuvre que Dieu accomplit par sa puissance, et non la nôtre.

Voici donc quelques questions inspirées de ce texte en 1 Corinthiens qui nous aident à discerner l'état spirituel de notre mouvement étudiant chrétien :

Dieu répond-il puissamment à nos prières ?

Les chrétiens témoignent-ils de Christ avec conviction et puissance ?

Dieu nous utilise-t-il pour attirer les gens à lui et les aider à progresser dans la foi pour devenir des disciples fidèles et de puissants témoins de Christ ?

Nous fions-nous à la puissance de Dieu pour résister à la tentation ?

Vainquons-nous le mal par le bien ?

Puisons-nous en Dieu la force d'aimer nos ennemis, de prier pour eux, de leur faire du bien et de les attirer vers Christ ?

Bref, la puissance surnaturelle de Dieu s'exerce-t-elle ?

Sur la plupart des campus, les réponses à ces questions révèlent que la puissance surnaturelle et transformatrice de Dieu ne se manifeste que très peu parmi nous.

VIVRE SANS PUISSANCE

En observant les étudiants, nous découvrons rapidement toute l'importance qu'ils accordent aux relations sexuelles : tant d'entre eux sont esclaves de la pornographie, obsédés par les fréquentations, axés sur leurs attraits physiques (leur apparence, leurs vêtements, leur forme physique et ainsi de suite). Je ne dis pas cela pour condamner qui que ce soit, mais plutôt pour souligner un fait : la plupart des étudiants qui cèdent à une sexualité déréglée ne sauraient s'en libérer s'ils voulaient le faire. J'aimerais bien affirmer que les chrétiens se démarquent des autres étudiants par la pureté de leur vie, mais nous savons tous que ce n'est guère le cas : les étudiants chrétiens connaissent tout autant de luttes dans ces domaines que les non-chrétiens. Ils ne savent pas se ressourcer en Dieu pour surmonter ces tentations, et donc, ils y cèdent — ce qui ne fait que les rendre plus impuissants encore. En se livrant aux pensées impures, à la pornographie et aux relations sexuelles illicites, ils s'interdisent l'accès à la puissance de Dieu.

Dans l'absence de vigueur, de joie et de zèle spirituels, les chrétiens sombrent dans le légalisme : ils se définissent alors par ce qu'ils ne font pas, plutôt que par ce qu'ils font et ce qu'ils sont — des disciples de Jésus-Christ. C'est pour cette raison que sur beaucoup de campus, les chrétiens ne donnent point l'impression de former une communauté de croyants radicalement transformés par Dieu ; ils donnent plutôt l'impression de former un club ennuyeux qui s'abstient de toute activité divertissante et qui condamne tous ceux qui participent à de telles activités.

Plusieurs chrétiens hésitent à s'engager pleinement envers Jésus-

Christ, préférant vivre tantôt pour les plaisirs du monde et tantôt pour le Royaume. Un étudiant décrit ainsi sa situation : « Ce n'est pas que j'hésite à m'engager d'un côté ou de l'autre : j'ai tout simplement décidé de ne pas m'engager du tout. » En tant que chrétiens, nous ne savons pas nous protéger des attraits néfastes du matérialisme, qui rendent notre cœur insensible à Dieu. Pour éviter tout sentiment de culpabilité, nous déguisons notre poursuite du rêve américain sous des termes chrétiens : ainsi, nous disons vouloir une femme chrétienne, un foyer chrétien, une auto chrétienne (avec des autocollants chrétiens sur les parechocs), un ordinateur chrétien (qui affiche des versets bibliques comme économiseur d'écran), l'approbation de nos parents et de nos amis, la sécurité financière, les beaux habits (du dimanche) et les voyages à l'étranger. Mais peu importe les mots que nous utilisons, le fait est que nous poursuivons passionnément le rêve américain matérialiste plutôt que le Royaume de Dieu.

Vous me trouverez peut-être un peu sévère ici, mais selon moi, nous avons réussi là où les ennemis de Christ ont échoué. Ils ont flagellé notre Seigneur ; ils se sont moqués de lui ; ils l'ont faussement accusé ; ils l'ont couronné d'épines ; ils l'ont cloué à la croix et l'ont scellé dans un tombeau sombre et froid. Des siècles après sa résurrection, certains ont même renié son existence. Mais ce sont les chrétiens qui lui ont fait le plus de tort. Certes, nous ne l'avons pas tué — mais nous avons réussi à le rendre ennuyeux.

NOTRE BESOIN DE PUISSANCE

Ce n'est pas que je suis pessimiste, alarmiste ou cynique. Je sais que nous ne changeons rien à la situation en nous lamentant de notre témoignage médiocre, en critiquant la sous-culture chrétienne ou en dressant la liste de toutes nos fautes.

En fait, je suis plutôt du genre optimiste : je crois sincèrement que nous pouvons exercer une puissante influence pour le Christ, au-delà de tout ce que nous avons vu jusqu'ici. Mais pour en arriver là, nous devons premièrement reconnaitre où nous en sommes rendus. Avant de rêver à ce que pourrait être notre témoignage sur les campus, nous devons constater ce qu'il est vraiment. Et lorsque nous regardons la réalité en face, nous découvrons que notre témoignage est loin d'être puissant.

Des millions d'étudiants chrétiens autour du monde ont désespérément besoin de découvrir comment vivre la vie sainte, puissante et vibrante présentée dans le Nouveau Testament. Cela aurait tout un impact sur les millions d'étudiants qui ne connaissent pas encore Jésus ! Des centaines de milliers d'étudiants se confieraient à Jésus si nous vivions tous une vie chrétienne authentique. Mais pour le faire, nous devons trouver la solution à notre impuissance spirituelle actuelle.

Certes, il y a beaucoup de solutions à proposer. Mais voici la solution la plus complète à mon avis : ce qu'il nous faut vraiment et ce que nous désirons plus que tout, c'est un éveil spirituel sur nos campus et un réveil dans nos vies — un feu sacré qui amène le ciel jusqu'à nous. Comme le prophète Habacuc, nous désirons ardemment que Dieu manifeste sa puissance : « Seigneur, Seigneur, j'ai entendu parler de tes exploits et j'en suis rempli de respect. Accomplis au cours de notre vie des œuvres semblables, fais-les connaitre de notre vivant. Même si tu as des raisons d'être en colère, manifeste-nous encore ta bonté » (Habacuc 3.2).

Ne serait-ce pas merveilleux si Dieu accomplissait de telles œuvres au cours de notre vie ? Je ne sais pas trop à quoi cela pourrait ressembler, mais je donnerais tout pour voir cette prière s'accomplir ! Et je crois fermement que nous la verrons s'accomplir si nous nous conformons aux conditions de Dieu à cet égard.

Je crois que Dieu veut répandre son Esprit sur les plus de 6000 campus de ce monde. Je crois qu'il veut les embraser de son saint feu. Il veut que les chrétiens retournent de tout cœur à lui, de nouveau passionnés pour lui et pour son œuvre. Il veut les voir amener des centaines de milliers de nouveaux croyants dans son Royaume. Il veut réclamer les universités pour Christ et les virer sens dessus dessous.

Mais avant d'étudier plus profondément les réveils étudiants, nous devons répondre à deux questions capitales :

Pourquoi les universités sont-elles si importantes ?

Qu'est-ce que le réveil ?

L'IMPORTANCE DE L'UNIVERSITÉ

Nous avons tendance à considérer les mouvements chrétiens étudiants comme des groupes de soutien pour les chrétiens qui étudient loin de leur foyer et de leur assemblée. Bien sûr, il s'agit là d'une fonction importante ; mais dire que c'est la fonction la plus importante, c'est un peu comme dire que la fonction la plus importante d'un ordinateur, c'est la calculette.

La création de mouvements étudiants chrétiens n'est pas due à l'œuvre ou à la vision d'une seule et unique personne. Il s'agit plutôt d'une stratégie missionnaire fondée sur le fait que Dieu se sert de l'université depuis des siècles pour étendre son Royaume et répandre l'Évangile autour du monde. Étant donné le contexte très humaniste, arrogant et athée des universités, nous pourrions nous attendre à ce que l'Évangile n'y trouve aucune place. Mais ce n'est pas du tout le cas. L'Évangile a su y frayer un large passage qui facilite beaucoup l'accomplissement du plan de rédemption de Dieu. Oublions donc nos idées préconçues !

Dans son livre, *The American Evangelical Story* (l'histoire de l'Église évangélique américaine), Douglas Sweeney, historien de l'Église, explique que la vague évangélique moderne remonte à quatre sources (outre les Écritures, évidemment)[3].

La première source est la Réforme. Au 16e siècle, des réformateurs tels que Luther, Zwingli et Calvin se sont attaqués à la décadence féodale et aux fausses doctrines de l'Église médiévale. Où ce mouvement a-t-il pris de l'essor ? Sur les campus de Wittenberg, Genève, Zurich et Toulouse (entre autres). De là, il s'est répandu aux foules.

Au début du 17e siècle, c'était au tour des puritains. Ce mouvement de réforme spirituelle a inspiré la création de collèges tels que Yale, Harvard et Dartmouth comme centres de prolifération de la doctrine puritaine et lieux de formation de leurs dirigeants.

L'objectif premier de Harvard était de s'assurer que ses étudiants « soient clairement instruits et qu'ils comprennent que le but principal de leur vie est de connaitre Dieu et Jésus-Christ ». On exigeait des étudiants de l'époque qu'ils s'appliquent à la lecture de la Bible deux fois par jour pour acquérir une maitrise des Écritures.

Voici l'une des consignes données aux étudiants de Yale de l'époque : « Étant donné que Dieu est la source de toute sagesse, tout étudiant, en plus de passer du temps dans la prière secrète, participera aux réunions de prière publiques du matin et du soir. »

La troisième source est le mouvement piétiste du milieu du 17e siècle. Ce mouvement de renouveau spirituel, très peu connu aujourd'hui, a vu le jour dans les universités allemandes de Leipzig, Wurtemberg et Halle. Il a légué un riche héritage aux chrétiens : un mouvement de prière (les Moraves), les études bibliques en petits groupes, la publication et la distribution en masse de la Bible et le mouvement missionnaire moderne. Et n'oublions pas la conversion de John Wesley, tant qu'à y être !

Les réveils des 18e et 19e siècles forment la quatrième source de la foi évangélique moderne. Un peu comme les campagnes de Billy Graham de notre époque, les campagnes d'alors rassemblaient les chrétiens de toutes confessions dans le but de proclamer l'Évangile et d'encourager le renouveau spirituel. Ces réveils se sont étendus aux universités et, grâce à des mouvements étudiants comme le Student Volunteer Movement (le mouvement d'étudiants bénévoles), de là, ils ont balayé la terre.

Revoyons de façon plus détaillée deux exemples de l'apport des étudiants à ces mouvements. Ils nous convaincront surement du rôle capital des réveils étudiants, fils directeurs qui ont servi à tisser et à unifier l'œuvre rédemptrice de Dieu au cours des derniers siècles.

L'éveil mondial et le Student Volunteer Movement

En 1886, le tout premier congrès américain pour étudiants chrétiens a eu lieu à Mount Hermon, au Massachusetts. Le dernier soir du congrès, un vendredi, un nouveau diplômé de Princeton, Robert Wilder, a invité les 250 étudiants qui assistaient au congrès à s'engager à proclamer l'Évangile à l'étranger comme missionnaires. Une centaine d'étudiants de Yale, de Harvard, de Dartmouth, de Cornell et d'ailleurs se sont avancés pour accepter le défi. Comme symbole de leur engagement, ces étudiants ont signé une feuille sur laquelle ces mots étaient inscrits : « Nous, les soussignés, déclarons que nous désirons aller vers les peuples non évangélisés du monde et que, Dieu voulant, nous sommes prêts à le faire. »

Voyant Dieu à l'œuvre, Wilder a voyagé d'une université à l'autre pendant un an. Il a invité les étudiants de plus de 150 campus à signer cette feuille, et plus de 2100 l'ont fait. Ce n'était que les prémices : pendant plus de 50 ans, le Student Volunteer Movement a envoyé ses membres diplômés jusqu'aux extrémités de la terre — environ 20 500 missionnaires en tout. Il s'agissait du plus grand mouvement missionnaire de l'histoire de l'Église.

Vers le milieu du 20e siècle, ce mouvement a perdu de l'élan du fait qu'il a adopté une théologie libérale de la mission qui mettait les étudiants évangéliques mal à l'aise. Ceux-ci se sont joints à un nouveau mouvement étudiant international qui a organisé un premier congrès missionnaire en Amérique du Nord, à Toronto, en 1946, pour ensuite organiser des congrès missionnaires réguliers à Urbana, Illinois, dès 1948. Tranquillement, d'autres groupes chrétiens ont vu le jour sur les campus, et ces groupes ont donné naissance à de nouvelles entreprises missionnaires étudiantes.

Wesley, Whitefield et le Premier Grand Éveil

Retournons un peu plus loin dans le passé. C'est à l'université d'Oxford, au cours des années 1730, que John et Charles Wesley et deux autres étudiants ont commencé à se rencontrer trois ou quatre soirs par semaine pour prier, jeûner, étudier les Écritures et parler de leur cheminement spirituel. Au fil des années, cette communauté s'est élargie pour accueillir environ une douzaine d'étudiants, incluant George Whitefield. Le groupe était connu sur le campus sous le nom de Holy Club (club des saints), qui était un nom tout aussi sardonique qu'il le serait aujourd'hui.

Je saute ici plusieurs détails pour reprendre l'histoire le jour de l'An 1739. John et Charles Wesley, George Whitefield et les autres membres du Holy Club ainsi qu'une soixantaine d'autres croyants aux mêmes convictions ont participé à une agape (un nom qui était peut-être aussi inusité qu'il l'est aujourd'hui). Plus tard, Wesley a donné cette description de la soirée :

> Vers 3 h, alors que nous persévérions dans la prière, la puissance de Dieu est venue sur nous de telle sorte que plusieurs se sont mis à crier de joie et que d'autres se sont prosternés (atterrés par la puissance de Dieu). Une fois remis un peu de l'émerveillement et de l'ébahissement produits par la présence majestueuse de Dieu, nous avons crié d'une seule voix : « Nous te louons, notre Dieu ! Nous te reconnaissons comme Seigneur[4] ! »

Cette nuit-là, Dieu a donné à ces hommes l'assurance profonde qu'il allait agir bien au-delà de toute mesure et de toute attente. Une semaine plus tard, à l'âge de 22 ans, Whitefield a été ordonné pasteur. Peu de temps après, il a prêché en plein air pour la première fois, à Kingswood, en Angleterre (un village minier assez sauvage). Il a prononcé son premier sermon devant 200 personnes. Le jour d'après, la foule comptait 5000 personnes, et le lendemain encore, une foule de 20 000 personnes s'est précipitée pour l'entendre. Parfois, l'auditoire entier se mettait à pleurer, tant l'Esprit agissait sur eux pour les convaincre[5]. « Les larmes formaient des ruisseaux clairs sur les joues noircies des hommes qui venaient directement des mines de charbon[6]. » L'Esprit de Dieu agissait, et le monde ne serait jamais plus pareil.

Oublions pour l'instant Charles Wesley et ses 8000 hymnes, qui ont guidé l'Église dans ses cultes d'adoration pendant plus de 200 ans, pour ne parler ici que des ministères de John Wesley et de George Whitefield.

John Wesley est le père du mouvement méthodiste dont est issue l'Église évangélique américaine. À sa mort, ce mouvement comptait déjà 120 000 adhérents (ils sont aujourd'hui plus de 20 millions). Il a prêché à des millions de personnes et a vu des milliers d'entre elles se confier au Seigneur. Si vous vous demandez comment c'est possible, c'est qu'il a prêché environ 46 000 sermons et a voyagé plus de 226 000 milles à cheval pour le faire. Comme si ce n'était pas assez, il a écrit 400 livres et opuscules, souvent en voyageant.

De son côté, George Whitefield n'a prêché que 18 000 sermons — un vrai paresseux, hein ? Mais Whitefield était le pionnier de la prédication en plein air (avant lui, on ne pouvait imaginer qu'un pasteur puisse prêcher à l'extérieur d'une église) et comme Dieu l'avait béni d'une voix qui portait très loin, il a parlé à de vastes multitudes, tout comme son ami John Wesley (bien que ce dernier ait prêché 28 000 sermons de plus), car son auditoire atteignait souvent les 30 000 personnes. Selon les meilleures estimations, il aurait prêché l'Évangile à près de 2 millions de personnes.

Ces hommes ont été lapidés, frappés et injuriés. Ils se sont épuisés à voyager. Malgré tout, partout où ils allaient, le réveil les suivait. Humainement parlant, ces hommes, ainsi que Jonathan Edwards, étaient le Premier Grand Éveil. Et tout a commencé par une étude biblique à l'université d'Oxford.

Un vaisseau choisi

Nous pouvons déduire toutes sortes de raisons pour lesquelles Dieu aurait utilisé les étudiants pour étendre la portée de l'Évangile. Il se peut que les étudiants soient naturellement plus zélés et radicaux (fait que nous pouvons inférer en observant les émeutes étudiantes). Peut-être est-ce plutôt parce que la vie étudiante facilite le développement d'une vie communautaire unique : les étudiants peuvent facilement se rencontrer jour et nuit pour prier et s'encourager mutuellement. Il se peut aussi que le contexte universitaire facilite la transmission virale d'idées, de messages et de modes de pensées d'un campus à l'autre. Peut-être est-ce plutôt parce que les étudiants représentent la tranche la plus influente de la population. (Bien que la population étudiante ne compte que pour 1 % de la population mondiale, presque tous les dirigeants militaires, politiques, religieux, sportifs ou culturels sont diplômés.)

Quelles qu'en soient les raisons, les collèges et universités ont joué un rôle capital dans le plan de Dieu ces derniers siècles. Nous pouvons en conclure que le prochain réveil pourrait commencer sur un campus et qu'un tel réveil n'entrainerait rien de moins que l'accomplissement de l'ordre missionnaire de Jésus-Christ.

QU'EST-CE QUE LE RÉVEIL ?

Je ne me rappelle plus ce qui m'est venu à l'esprit la première fois que j'ai entendu le mot « réveil », mais je crois qu'il s'agissait d'un homme qui jouait du banjo, d'un manipulateur de serpents, d'un guérisseur ou de quelqu'un comme ça. Ce sont de fausses impressions, bien que de telles personnes animent parfois ce qu'ils appellent des réunions « de réveil ».

La meilleure façon de décrire le vrai réveil est d'offrir ce compte-rendu du réveil de 1907 à Ping Yang, en Corée :

> Dieu remplissait la salle de sa présence [...] Il s'était approché de nous [...] C'était une sensation indescriptible. Tout l'auditoire a commencé à prier [...] de multiples prières qui n'en formaient qu'une, née de l'Esprit, élevée vers le Père céleste [...] Dieu s'est manifesté à nous ce soir-là, à Ping Yang.

Un homme après l'autre s'est levé pour confesser ses péchés et s'en repentir en pleurant. Certains se prosternaient [...] Des centaines d'autres se tenaient debout, les mains levées vers le ciel. Chacun oubliait les gens qui l'entouraient pour se trouver seul, face à face avec Dieu.

Partout où l'on en parlait, l'Esprit se répandait. Des hommes se promenaient de maison en maison un peu partout dans la ville pour confesser leurs torts à leurs voisins et pour remettre à leurs propriétaires les objets qu'ils leur avaient volés. Toute la ville en était émue[7].

Charles Finney, évangéliste du 19e siècle qui a joué un rôle important dans le réveil américain de l'époque, offre cette définition du réveil : « Le réveil n'est rien de plus qu'un zèle renouvelé pour l'obéissance à Dieu. » Le réveil vient renouveler, chez le peuple de Dieu, le désir ardent d'obéir au Créateur qui nous aime parfaitement et qui ne veut que notre plus grand bien. Les gens s'en trouvent transformés : ils passent de l'égoïsme à l'altruisme, de l'égocentrisme à l'amour, de la colère à la patience, de l'agitation à la paix intérieure. S'il est vrai que Dieu agit continuellement pour transformer ainsi ses enfants, nous ne parlons de réveil que lorsque cette transformation se vit à grande échelle, comme c'était le cas pendant le réveil de Ping Yang. Lorsque l'Esprit de Dieu agit sur une multitude de personnes, de sorte qu'elles manifestent rapidement un zèle renouvelé pour l'obéissance à Dieu, nous disons qu'il y a réveil.

Le théologien J. I. Packer l'explique ainsi :

> J'appelle réveil l'œuvre que Dieu accomplit par son Esprit et par sa Parole, pour amener ceux qui sont spirituellement morts à une foi vivante en Christ et pour ranimer le cœur des chrétiens tièdes et endormis. Dans le réveil, Dieu renouvèle toutes choses en communiquant une nouvelle puissance et une nouvelle compréhension spirituelle à ceux dont le cœur et la

conscience sont devenus aveugles, durs et froids[8].

Strictement parlant, le réveil se définit comme un mouvement de l'Esprit de Dieu qui vient renouveler, chez les croyants, leur zèle et leur engagement envers le Seigneur, tandis qu'un éveil consiste en la conversion d'une multitude de non-croyants qui passent ainsi de la mort à la vie. Mais comme le réveil et l'éveil se confondent lorsque Dieu agit avec puissance, j'utiliserai les deux termes de façon interchangeable.

S'il est vrai que nous parlons souvent d'un réveil comme étant une « grande œuvre » ou un « déversement » de l'Esprit de Dieu (parce que c'est grâce à l'Esprit que nous en faisons l'expérience), nous devons garder à l'esprit cette définition de David Bryant pour ne pas dévier d'une vie centrée sur Christ :

> Dans l'ensemble, le réveil est avant tout la révélation de Christ, parce que le mieux que Dieu peut faire pour son Église est de ranimer en elle l'assurance de la suffisance, de la suprématie et de la destinée de notre Seigneur Jésus-Christ. Jésus est la révélation parfaite de Dieu. C'est de lui que vient tout ce que nous pouvons espérer recevoir de Dieu et tout ce que nous pouvons espérer devenir pour lui[9].

Les Écritures sont parsemées de réveils, et nous les trouvons aussi tout au long de l'histoire de l'Église. Ce livre offre un aperçu de quelques-uns d'entre eux ; puisque mon objectif consiste principalement à expliquer comment un réveil étudiant pourrait avoir lieu de nos jours, je parle surtout de réveils étudiants, en mettant l'accent sur les étudiants qui en ont été les agents humains. Si j'insiste tant sur le rôle joué par les étudiants, c'est qu'ils ont donné l'impulsion à ces réveils, soit en les déclenchant, soit en devenant les missionnaires responsables de leur expansion.

Depuis le début du 18e siècle, en passant par les 19e et 20e siècles, plusieurs réveils et éveils étudiants ont balayé les campus. Ces mouvements de l'Esprit ont toujours produit un renouveau spirituel parmi les chrétiens qui sont passés de l'autodestruction à une vie saine, de l'apathie au zèle, de l'impuissance à la puissance, de la haine à l'amour, de l'indifférence à la passion et de la mondanité à la spiritualité.

Parmi les non-chrétiens, les résultats étaient tout aussi étonnants. Sur certains campus, entre 30 % et 50 % des étudiants se sont confiés de tout cœur à Jésus de façon publique, pour devenir des disciples fructueux par la suite.

Ces réveils ont touché des campus renommés. Des milliers d'étudiants se sont convertis à Princeton, à Yale, à Harvard, à Baylor, à Emory, à Cornell, à Northwestern et aux universités de la Caroline du Nord et d'Illinois. Ces chrétiens ont exercé une forte influence pour le bien et pour le Seigneur une fois diplômés.

Par exemple, à Princeton en 1875, un mouvement étudiant chrétien connu sous le nom de Philadelphia Society s'est joint au YMCA (à l'époque, un organisme dévoué à l'évangélisation et à la formation de disciples), en adoptant les objectifs suivants :

1. Chercher le salut des étudiants pour leur propre bien, ainsi que parce qu'ils exerceront une grande influence en tant qu'hommes éduqués.
2. S'assurer de leur salut pendant qu'ils sont étudiants.
3. Prier et travailler ensemble.

Ils allaient atteindre ces objectifs en :
1. étudiant diligemment la Parole de Dieu ;
2. priant ;
3. partageant l'Évangile (en tête-à-tête) ;
4. s'organisant d'une manière efficace[10].

Au 19e siècle, ce mouvement a invité l'évangéliste Dwight L. Moody à donner une série de conférences à Princeton. Près d'un tiers des étudiants ont dit avoir confié leur vie au Seigneur pendant son séjour parmi eux. Parmi les jeunes hommes, qui travaillaient avec le YMCA à Princeton, se trouvaient quelques-uns des dirigeants étudiants les plus doués de cette génération. Plus tard, un de ces évangélistes étudiants a rempli le poste de président de Princeton. Plus tard encore, il est devenu le 28e président des États-Unis. Son nom ? T. Woodrow Wilson.

Nous n'entendons pas beaucoup parler de l'histoire de l'Église dans nos établissements scolaires. C'est peut-être la raison pour laquelle nous ignorons que de telles expériences étaient chose commune au cours de l'histoire des collèges et des universités. Les croyants ont été ranimés dans leur zèle pour Dieu et donc transformés. Les non-croyants, impressionnés par la transformation de vie de leurs collègues chrétiens, se sont avancés en grand nombre pour confier leur vie à Christ, pour ensuite s'intégrer aux grands mouvements spirituels sur leurs campus. La société adoptait les valeurs morales chrétiennes, les mouvements missionnaires prenaient de l'essor et les professeurs se convertissaient. Ces mouvements spirituels ont produit de grands hommes et ont influencé non seulement l'histoire des États-Unis, mais aussi l'histoire du monde.

CINQUANTE ANS D'ATTENTE ?

Puisque nous allons parler de plusieurs réveils et éveils, j'en ai dressé la liste chronologique en décrivant brièvement l'étendue géographique de chacun :

- Le Premier Grand Éveil (1726-56) : Allemagne, États-Unis, Angleterre, Écosse, pays de Galles.
- Le Deuxième Grand Éveil (1776-1810) : États-Unis, Canada, Écosse, Angleterre, pays de Galles, Finlande, Norvège.
- Le Réveil transatlantique (1813-46) : Allemagne, Suisse, Hollande, France, Norvège, Suède, Écosse, Angleterre, pays de Galles, États-Unis, Amérique du Sud, îles du Pacifique.

Le Réveil de prière laïc (1857-95) : États-Unis, Canada, Écosse, Angleterre, pays de Galles, Afrique du Sud.

Le Réveil mondial (1900-39) : États-Unis, pays de Galles, Angleterre, Brésil, Canada, Chile, Scandinavie, Inde, Éthiopie, Afrique de l'Est, Corée, Norvège, Chine.

Les Éveils évangéliques (milieu du 20ᵉ siècle) : Canada, États-Unis, Taiwan, Grande-Bretagne[11].

La plupart des historiens s'accordent pour dire que le dernier réveil mondial a eu lieu il y a environ cent ans et qu'il a atteint son apogée entre 1904 et 1907. Voici quelques brèves descriptions de ce tsunami spirituel qui a commencé dans le pays de Galles pour se répandre autour du monde :

Deux millions de personnes se sont confiées à Jésus au pays de Galles et en Angleterre.

Pendant le réveil en Norvège, les églises débordaient tellement qu'on a fait ordonner des laïcs pour servir le repas du Seigneur aux foules.

Le réveil s'est répandu de l'Europe pour toucher l'Afrique, l'Inde, la Chine, la Corée et les États-Unis.

À Atlantic City, au New Jersey, on disait que moins de 50 des 60 000 habitants refusaient de confier leur vie à Jésus.

À Paducah, au Kentucky, 1000 nouveaux convertis se sont ajoutés à l'église First Baptist : prétendument, le pasteur en serait mort d'épuisement.

À Denver, au Colorado, le maire a proclamé une journée de prière ; dès 10 heures le matin, les églises étaient remplies. Plus de 12 000 autres personnes se sont réunies dans des salles de théâtre pour prier[12].

On estime qu'aux États-Unis, près de 20 millions de personnes auraient confié leur vie à Christ.

Presque tous les campus des États-Unis ont été touchés par ce réveil, tout comme l'étaient les campus du pays de Galles (où le réveil a commencé), d'Angleterre (Oxford et Cambridge), d'Irlande (l'université Queens à Belfast), d'Écosse (l'université d'Édinburg), d'Allemagne (l'université à Halle), de la Chine (Tungchow et Weihsien, où 196 des 200 étudiants ont fait profession de foi), de la Corée (Pyongyang), d'Inde (Nellore, Ongole, et le collège de Kottayam), d'Afrique du Sud (Lovedale), ainsi que les campus d'Australie, de la Nouvelle-Zélande, du Chili, du Brésil, et d'ailleurs.

Aux États-Unis, près de 15 000 étudiants sont devenus missionnaires à l'étranger comme résultat de cette œuvre de Dieu.

Cette citation d'un témoin oculaire, étudiant du collège Linfield aux États-Unis, nous aide à comprendre à quel point Dieu agissait puissamment sur les campus du monde :

> C'était du jamais vu [...] le président du collège et tous les professeurs s'étaient agenouillés ensemble pour prier pour les étudiants sous leur charge qui n'étaient pas encore sauvés[13].

Il est fort probable qu'aucun de nous n'ait vu une telle démonstration de la puissance de Dieu. Mais nous pourrions en devenir témoins !

Beaucoup d'historiens disent que le réveil le plus récent date du milieu du 20ᵉ siècle, bien que d'autres disent qu'il s'agissait d'une résurgence et non d'un réveil, puisque ce mouvement de Dieu était moins vaste et moins spectaculaire que les autres. Parmi les faits notables de cette période, il y a la croissance de la population chrétienne de Chine, qui a atteint des millions de personnes ; la visite imprévue d'un évangéliste, Thomas Hicks, en Argentine, qui a organisé une des plus grandes campagnes évangéliques de l'histoire de l'Église (environ 2 millions de participants) ; l'inauguration des ministères de Billy Graham, de Youth for

Christ (Jeunesse pour Christ) et des Navigateurs, et les premiers congrès missionnaires de IVCF (Groupes bibliques universitaires) aux États-Unis (Urbana). Il y a aussi eu des réveils sur les campus de Seattle Pacific, Northwest, Baylor et Houghton, parmi d'autres.

Il se peut que l'évènement le plus significatif de l'époque ait été le congrès du collège Forest Home au mois de juin 1947, un évènement à échelle nationale pour les ministres qui œuvraient auprès des étudiants et des adolescents des États-Unis.

La conférencière principale à ce congrès, Henrietta Mears, a lancé un appel passionné à toutes les personnes présentes, les invitant à s'engager à suivre Jésus et à lui obéir en tout temps. Plusieurs hommes, très affectés par ses paroles, lui ont demandé de les rencontrer pour prier ce soir-là. Voici comment la biographie de Henrietta Mears décrit cette réunion de prière :

> Lorsqu'ils se sont agenouillés, le sentiment de leur impuissance et de leur incapacité les a envahis. Ils ont prié jusqu'aux petites heures du matin. Parfois, ils faisaient appel au Seigneur en sanglotant. Parfois, le silence remplissait la salle, car Dieu parlait à chacun dans son cœur.
>
> Et le feu tomba. Comment l'expliquer ? Dieu a répondu à leur prière. Ils ont vu en vision les multitudes d'étudiants de partout qui ne connaissaient pas Jésus, des étudiants qui détenaient le pouvoir de transformer le monde. Les campus [...] étaient les lieux privilégiés pour former les dirigeants du monde et faire éclater le réveil partout[14].

Un des hommes qui participaient à cette réunion de prière était un tout jeune chrétien, Bill Bright. En réponse à cette révélation puissante, il a fondé Campus Crusade for Christ (Agapé, Campus pour Christ, Pouvoir de Changer), ministère que Dieu a utilisé pour présenter l'Évangile à des milliards de personnes autour du monde.

Bien qu'on n'appelle pas ce mouvement de Dieu du milieu du 20e siècle un réveil (et je ne sais pas qui en a décidé ainsi), et bien que tous les réveils diffèrent en magnitude, lorsque nous en consultons la liste, nous découvrons que tous les 50 ans environ, Dieu répand son Esprit en abondance sur une région ou une autre du monde. On pourrait dire qu'il s'agit de contractions régulières de l'enfantement du Royaume de Dieu. Ceux qui sont doués en mathématiques ont probablement compris que Dieu pourrait très bien envoyer un nouveau réveil d'ici peu (bien qu'il ne soit nullement obligé de le faire).

Oui, nous pourrions bientôt être témoins d'un éveil étudiant. En fait, selon le grand missionnaire écossais, le docteur James Stewart, nous pourrions même devenir les déclencheurs d'un tel réveil :

> Si nous pouvions montrer au monde que suivre Jésus, ce n'est pas vivre une petite vie monotone, protégée, fade et plate, mais la plus excitante des aventures possibles à l'esprit humain, alors tous ceux qui se tiennent à l'extérieur de l'Église en regardant Christ de travers se précipiteraient dans nos églises pour le reconnaitre comme Roi, et nous pourrions participer au plus grand réveil depuis la Pentecôte[15].

De concert avec des centaines de milliers d'étudiants autour du monde, nous pourrions jouer un rôle important dans la transformation non seulement des campus, mais du monde entier. Le slogan de Campus Crusade for Christ est tout aussi pertinent aujourd'hui qu'il y a cinquante ans : « Le campus aujourd'hui, le monde demain ». Car le campus est le lieu privilégié de recrutement pour l'accomplissement de l'ordre missionnaire de Jésus-Christ.

Charles Finney a dit : « Nous savons qu'un réveil s'en vient lorsque nous en avons désespérément besoin[16]. » Je crois que nous pouvons tous nous mettre d'accord pour dire que nous avons désespérément besoin d'un réveil, simplement parce qu'il n'existe pas de mot plus fort que désespérément.

VOLTEFACE SUR LE CAMPUS

Ce livre se veut une aide aux étudiants, professeurs et ouvriers chrétiens qui veulent devenir agents de transformation et de réveil sur leur campus. Même si vous êtes seul à désirer le réveil, cela ne présente aucun problème pour Dieu. Si vous mettez en pratique les principes dans ce livre, Dieu se servira de vous pour influencer des milliers de personnes pour Jésus-Christ.

Vous pouvez aider à tourner votre campus sens dessus dessous pour le Sauveur. Demandez à Dieu de faire de vous un disciple attentif à sa volonté, qui aidera à déclencher le réveil sur votre campus. Peu importe que vous soyez un étudiant des plus doués ou des plus ordinaires. Ce qui compte pour Dieu, ce ne sont pas vos capacités ; c'est plutôt votre disponibilité. Avant de lire le prochain chapitre, dites au Seigneur que vous êtes tout à lui, disponible, prêt à ce qu'il fasse appel à vous comme déclencheur de réveil. Même si votre foi n'est pas plus grande qu'une graine de moutarde, cela suffit : selon la foi qu'il vous donne, croyez qu'il peut agir de façon surnaturelle.

ÉVEILLÉ À SEIZE ; ÉVEILLEUR À VINGT-SIX

> *Bien que tous ces obstacles se dressaient devant Josias, il n'avait pas à surmonter l'un des plus grands d'entre eux, car le péché n'était pas profondément ancré en lui. Rien n'endurcit plus le cœur, rien n'aveugle tant les yeux, rien ne rend la conscience plus insensible, que le péché. « Vous vous tournerez vers moi et vous me trouverez lorsque vous vous tournerez vers moi de tout votre cœur. » Les hommes qui cherchent Dieu de tout leur cœur tard dans la vie le trouvent, mais c'est plus difficile pour eux que pour les jeunes gens* [17].
>
> Ernest Baker

J'ai souvent entendu les étudiants chrétiens exprimer la pensée suivante sous une forme ou une autre : « Comment pouvons-nous espérer changer quelque chose ? Nous sommes jeunes et sans ressource. Nous n'avons pas le temps ; nous ne faisons que travailler et étudier pour obtenir notre diplôme. »

Même lorsque les étudiants ne le disent pas, ils ont souvent l'impression que leur vie est sur pause pendant leurs études. C'est le temps de s'amuser, de se préparer à la vie, de s'outiller pour laisser sa marque — mais ce n'est pas le temps d'en laisser une !

Néanmoins, en ce qui a trait au plan rédempteur de Dieu, il se peut très bien que nous laissions notre plus grande marque pendant nos années d'études. Dieu fait souvent appel à de jeunes hommes et de jeunes femmes pour accomplir sa mission, faire avancer ses plans et déclencher des éveils qui changent le cours de l'histoire.

Parcourez rapidement la Bible. Songez à Samuel, Ruth, David, Daniel, Esther, Marie, Joseph et tant d'autres. La plupart d'entre eux étaient adolescents lorsque Dieu a fait d'eux ses instruments choisis. Que seraient les récits des Écritures et l'histoire de l'Église sans l'apport des jeunes ? Combien de mouvements de Dieu n'auraient jamais vu le jour sans eux ?

Regardons ensemble un de ces grands mouvements de Dieu. Étudions la vie d'un jeune homme — Josias — pour découvrir comment Dieu choisit ses porte-paroles et travaille en eux et par eux. Si nous comprenons ces principes et les mettons en pratique, alors nous pourrons exercer une profonde influence pour Christ sur nos campus et encourager les étudiants sceptiques et apathiques à devenir des chercheurs sincères qui trouveront Dieu et son Fils, Jésus-Christ.

LE PIRE DE TOUS LES TEMPS

Les chapitres 33 et 34 de 2 Chroniques décrivent le pire et le meilleur de tous les temps pour Juda, le Royaume du sud d'Israël. Une succession de bons et de mauvais rois avaient dirigé ce peuple. Le chapitre 22 décrit les règnes de deux des pires d'entre eux : Manassé et Amon.

Le règne de Manassé, d'une durée de 55 ans, se distingue à ceci : Manassé était l'un des rois les plus répugnants de l'histoire. Les Écritures disent à son sujet qu'il « fit ce qui déplait au Seigneur, imitant toutes les pratiques abominables des nations que le Seigneur avait chassées du pays pour faire place au peuple d'Israël » (2 Chroniques 33.2). Autrement dit, il était tout aussi dépravé que les rois des nations païennes qui l'entouraient. Non seulement était-il méchant, mais encore trouvait-il son plaisir à encourager les autres à le suivre dans sa débauche : « Mais Manassé incita les gens de Jérusalem et de Juda à se conduire encore plus mal que les anciens habitants du pays, que le Seigneur avait exterminés pour faire place à son peuple » (2 Chroniques 33.9).

Parmi ses pires atrocités, nous comptons la perpétuation de la sorcellerie, du spiritisme et de l'adoration des faux dieux Moloch et Baal (2 Chroniques 33.6). Manassé a encouragé son peuple à offrir leurs enfants au feu en sacrifice à ces faux dieux — un passetemps horrifique qui aurait troublé même un Mao ou un Stalin.

Son fils Amon lui a succédé. Amon ressemblait beaucoup à son père, bien qu'il était peut-être moins créatif dans sa débauche. Dans 2 Chroniques 33.22, nous lisons qu'il « fit ce qui déplaît au Seigneur, comme son père Manassé : il offrit des sacrifices aux idoles faites par son père et il les adora. » La seule bonne chose à dire au sujet d'Amon, c'est que son règne a été des plus brefs : certains de ses serviteurs l'ont assassiné deux ans seulement après le début de son règne.

JOSIAS, LE GARÇON-ROI

Juda se trouvait maintenant dans une situation atroce. Après 57 ans de sorcellerie, de meurtre, d'immoralité et d'idolâtrie de toutes sortes, le peuple avait carrément oublié Dieu pour devenir de plus en plus matérialiste, pervers et blasé. Il était consumé par des désirs et passions iniques, indifférent à toute expression de vie spirituelle.

Mais parfois, plus la nuit est obscure, plus l'aurore est resplendissante.

C'est dans de telles circonstances que Josias, l'enfant-roi, entre en scène. Ce nouveau dirigeant du peuple n'a que huit ans lorsqu'on le sacre roi. Dans 2 Chroniques 34.1-3, nous lisons :

> Josias avait huit ans lorsqu'il devint roi, et il régna trente-et-un ans à Jérusalem. Il fit ce qui plaît au Seigneur ; il se conduisit comme son ancêtre David, sans jamais s'écarter de son exemple. Durant la huitième année de son règne, alors qu'il était encore un jeune homme, il entreprit de rechercher la

volonté du Dieu de son ancêtre David ; quatre ans plus tard, il se mit à débarrasser Jérusalem et le royaume de Juda des lieux de culte païens, des poteaux sacrés et des idoles de toutes sortes.

JOSIAS, L'ADOLESCENT QUI PRIE

Quel contraste d'avec son grand-père et son père ! Il n'a que huit ans lorsqu'il commence à régner, et dès son enfance, il a un cœur pour Dieu. À seize ans, il commence à chercher la volonté de Dieu avec ferveur. Cette intimité profonde avec le Seigneur produit en lui un cœur juste qui se lamente des pratiques impies dans le palais et dans la nation porteuse du nom de l'Éternel. De 16 ans à 20 ans, il passe probablement des heures à prier, à pleurer, à étudier et à planifier, jusqu'à ce qu'un plan s'établisse dans son esprit. Il est jeune, mais il sait ce qu'il doit faire ; et il le fait, par la foi.

Josias décide d'éliminer l'idolâtrie de Juda et de Jérusalem. Comme les fils d'Issachar, il sait « discerner quand et comment les Israélites devaient agir » (1 Chroniques 12.33). C'est la définition même d'un dirigeant spirituel, et Josias est un tel chef. Il ne se dit jamais : Je sais que les choses vont mal. L'état de la société me rend malade, mais que puis-je y faire ? Certes, il est roi ; mais il est jeune aussi, entouré de conseillers qui s'occupent de tout. Ceux-ci lui conseillent probablement de ne rien changer en l'avertissant que la réforme morale est l'équivalent du suicide politique. Josias savait bel et bien qu'on avait assassiné son père ; il prendrait donc de tels avertissements au sérieux !

Il aurait été plus facile de retarder ses efforts jusqu'à ce qu'il atteigne un âge mûr, qu'il gagne de l'expérience et qu'il mérite davantage le respect de son peuple. Mais aux yeux de Josias, son jeune âge n'est ni un handicap, ni une excuse. Il avait compris que Dieu l'avait mis dans cette position d'influence, pour qu'il puisse aider à renouveler sa nation et sa société. Il savait qu'il possédait la passion et la vision nécessaires pour le faire : il n'avait pas été corrompu par de longues années dévouées au péché ; il était un jeune homme libre et plein d'énergie ; les grandes responsabilités de la vie ne pesaient que peu sur ses jeunes épaules.

Il se disait surement que d'autres jeunes hommes et jeunes femmes partageaient ses convictions et suivraient son exemple, s'il les inspirait à le faire, pour former ensemble une armée qui aiderait à purifier Juda.

Ainsi, désireux de libérer tout Israël de son esclavage spirituel, Josias quitte Jérusalem pour purifier non seulement Juda, mais aussi les ruines de Manassé, Éphraïm, Siméon, et Naphtali. Partout où il va, il démolit les autels, coupe les pieux sacrés, brise les idoles et les réduit en poussière. Une fois sa campagne de purification terminée, il retourne à Jérusalem.

C'est une histoire inspirante, une version spirituelle de *Cœur vaillant* (*Braveheart*). Ce jeune homme veut ramener son peuple à Dieu en détruisant tout ce qui déshonore le Seigneur. Il appelle donc son peuple à délaisser son péché pour retourner de tout cœur à Dieu. Il balaie les idoles, l'apathie et la méchanceté de son pays. Devant l'opposition, il fait preuve d'une vive passion pour Dieu et pour sa justice, et il transmet ce zèle à d'autres qui participent alors à sa mission.

Dans moins de sept ans, il purifie tout le pays des pratiques idolâtres qui avaient caractérisé le règne des deux rois précédents. Imaginez ! Il transforme la nation entière en moins de sept ans — le temps que beaucoup d'entre nous consacrent à nos études postsecondaires !

Mais cette première purification n'est qu'externe. Le besoin d'un renouveau spirituel interne subsiste. Nous pouvons créer des lois qui interdisent certaines actions immorales, mais nous ne pouvons pas imposer l'amour pour Dieu et pour sa justice. Une telle transformation s'opère dans le cœur. Josias avait facilité cette transformation en faisant disparaitre les idoles du pays. Il avait accompli, en quelques brèves années, plus que la plupart des gens accomplissent au cours de leur vie entière, mais comment allait-il faire pour encourager la transformation de cœur de son peuple ?

JOSIAS, LE JEUNE HOMME JUSTE

Une des réformes spirituelles entreprises par Josias est la restauration du temple à Jérusalem. Ce centre d'adoration, le cœur et l'âme même de la nation, avait été délaissé depuis plusieurs années et tombait tranquillement en ruines (une métaphore de ce qui se passait dans le pays entier). Après avoir ramassé les fonds nécessaires, Josias organise les rénovations.

Pendant les travaux, quelqu'un découvre dans les débris le livre perdu de la Loi de l'Éternel transmise par Moïse (2 Chroniques 34.14). On ne parle pas ici d'anciennes lettres d'amour trouvées dans un grenier ! Selon la plupart des théologiens, il s'agissait du livre de Deutéronome, la réitération de la Loi donnée par Moïse au peuple d'Israël. Ce livre encourageait le peuple à ne jamais délaisser le Seigneur et l'avertissait de ce qui se produirait si jamais il s'en détournait — et on l'avait perdu ! Quelqu'un l'avait mis dans un petit coin perdu du temple, loin des yeux et de la pensée de tous. Quelle ironie : le livre de Dieu, perdu dans le temple de Dieu !

On informe le roi de la découverte et on lit le livre en sa présence. Lorsqu'il entend le contenu de la Loi, Josias déchire ses vêtements (2 Chroniques 34.19). À l'époque, il s'agit d'une marque connue de deuil, de tristesse et de repentance. Cet acte sert aussi à reconnaître la sainteté, la majesté et la présence de Dieu. Josias se rendait compte que personne n'avait consulté ce livre depuis plus de 80 ans. Personne n'y avait cru ; personne ne l'avait suivi — on l'avait tout simplement oublié.

Josias devait se dire : Ce n'est pas surprenant que notre pays ait sombré dans un tel état d'immoralité, de violence et d'idolâtrie. Ce n'est pas du tout surprenant que ce peuple se trouve démuni de ressources spirituelles et morales. Nous n'avons pas obéi à Dieu. En fait, nous n'avons aucune idée de comment obéir à Dieu.

Josias agit immédiatement. Dans 2 Chroniques 34.29-33, nous trouvons la description de ce qu'il fait, ainsi que la réaction du peuple à la

Parole de Dieu :

> Aussitôt, le roi convoqua tous les anciens de Jérusalem et de Juda. Ils se rendirent ensemble au temple du Seigneur, accompagnés de la population de Jérusalem et de Juda, prêtres, lévites et gens de toutes conditions. Puis le roi leur lut à tous le livre de l'alliance découvert dans le temple. Il se tint ensuite à la place qui lui était réservée et renouvela l'alliance avec le Seigneur ; chacun devait s'engager à être fidèle au Seigneur, à obéir de tout son cœur et de toute son âme à ses commandements, à ses enseignements et à ses prescriptions, et à mettre en pratique tout ce qui est écrit dans le livre de l'alliance. Le roi fit prendre cet engagement à tous ceux qui se trouvaient à Jérusalem, ainsi qu'aux Benjaminites. Dès lors, les habitants de Jérusalem se conformèrent à l'alliance conclue avec le Dieu de leurs ancêtres. Josias mit fin aux pratiques abominables qui avaient cours dans le territoire d'Israël et obligea tous les habitants à adorer le Seigneur leur Dieu. De cette manière, tant qu'il vécut, aucun d'eux ne se détourna du Seigneur, le Dieu de leurs ancêtres.

Évidemment, la découverte de la Loi de Dieu n'était pas due au hasard. Dieu avait agi pour montrer à Josias comment il allait opérer la transformation de cœur qui viendrait alimenter et soutenir la purification externe entreprise par le roi. La solution était d'offrir sa Parole puissante, parole qui vient percer le cœur de Josias, de ses amis et de son peuple entier.

LE RÉVEIL D'UNE VIE

Le peuple se tourne vers le Seigneur. Les Écritures affirment que pendant la vie de Josias, aucun des membres du peuple ne s'est détourné du Seigneur, le Dieu de leurs ancêtres, leur obéissance n'étant plus motivée par la crainte du roi ni par leurs obligations envers lui. Ce n'est plus Josias seulement qu'ils suivent. Dieu les avait convaincus par sa Parole, et le peuple désire le servir de tout cœur : la Parole et l'Esprit animent leur obéissance à la Loi et au roi.

Dans 2 Chroniques 35, nous lisons que le peuple célèbre la Pâque comme elle n'avait pas été célébrée depuis des siècles. En fait, il s'agit probablement de la plus grande célébration de la Pâque de toute l'histoire d'Israël, le reflet d'un renouveau spirituel authentique que les membres du peuple vivent tant individuellement qu'ensemble comme communauté. Dieu avait agi pour éveiller son peuple !

Ce que Dieu a fait par l'entremise de ce jeune roi n'est rien de moins qu'incroyable, bien que non inusité. Qu'est-ce qui a démarqué Josias des autres rois ? En examinant sa vie de plus près, nous découvrons qu'il a exercé cinq fonctions qui l'ont préparé à offrir une direction spirituelle à la nation et à encourager le réveil.

JOSIAS, L'HOMME DE PRIÈRE

Josias réussit dans ses entreprises parce qu'il ne se fie ni à sa personnalité (la diplomatie) ni à sa position de roi (la législature) comme moyens d'encourager la transformation spirituelle de la nation. Il sait que Dieu seul peut renouveler son peuple apostat, et donc, il prie. Les Écritures disent que Josias entreprend de rechercher la volonté de Dieu dès l'âge de 16 ans. Autrement dit, il se dévoue à la prière.

La question qui vient souvent nous troubler est celle-ci : Les prières de quelques personnes peuvent-elles vraiment changer le destin d'un peuple entier ? Ce n'est pas que nous doutions de Dieu, mais plutôt, nous nous demandons si Dieu agit aujourd'hui comme il l'a fait dans les Écritures. L'histoire générale du réveil, et en particulier cette histoire concernant Samuel Mills, confirme qu'il continue à agir de la même façon jusqu'à aujourd'hui :

En 1807, Samuel Mills, étudiant en première année au collège Williams, est loin d'être une figure imposante. Un de ses collègues le décrit plutôt comme un jeune homme gauche et maladroit à la voix rauque.

> Peu après son arrivée au collège, il rencontre des chrétiens qui se réunissent dans petit groupe pour prier pour un réveil au collège. Puisque le groupe craint d'être méprisé ou dérangé par les autres étudiants, il se rencontre en pleine campagne, à quelque distance du collège. Mills, âgé de 23 ans, fait preuve de maturité et d'une vie spirituelle profonde et sincère ; il devient bientôt le dirigeant du groupe.
>
> Ces étudiants continuent de se rencontrer deux fois par semaine tout au long de l'été. Par un jour chaud et humide du mois d'aout, le ciel sombre, la pluie, les éclairs et le tonnere les convainquent de retourner au collège. Mais en voyant les nuages se disperser tandis qu'ils sont en chemin, ils décident de continuer à prier à l'ombre d'une meule de foin. Pendant la discussion qui suit ce temps d'intercession, Mills invite les étudiants à se joindre à lui pour se consacrer à la cause des missions, dans l'espoir d'atteindre les peuples défavorisés du monde. « Nous pouvons le faire, si nous le voulons », dit-il. Par là, il démontre une détermination à agir qui va bien au-delà de la déclaration habituelle : « Nous le ferons, si nous le pouvons[18] ».

C'était le début d'un vaste réveil qui s'étend du collège Williams à Yale, Amherst, Dartmouth, Princeton et ailleurs. On rapporte qu'entre un tiers et une moitié de la population étudiante de ces collèges se convertit[19].

Les prières de Samuel Mills et de ses amis déclenchent le réveil au collège Williams, réveil qui se répand pour couvrir la Nouvelle-Angleterre. En plus, ce réveil sert à initier l'une des plus grandes percées missionnaires de l'histoire de l'Église.

Voici une autre histoire qui illustre l'influence du réveil sur l'entreprise missionnaire, ainsi que la façon dont un réveil s'étend d'un campus à l'autre et d'une nation à une autre :

> Un jeune Hawaïen, Henry Obookiah, est étudiant à Yale lorsque le réveil s'étend du collège Williams à New Haven. C'est à Yale qu'Obookiah rencontre Mills, qui visitait le campus. En 1820, comme résultat de cet entretien, un petit groupe de missionnaires étudiants se rend à Hawaï qui fait alors partie du royaume polynésien. En 15 ans (1836), ils implantent 17 églises sur ces îles. Ce n'est qu'un début. En 1837, le grand réveil hawaïen commence, et un cinquième de la population de l'île se convertit (environ 27 000 personnes)[20].

Pensez-y : un réveil à Hawaï, qui est en lien direct avec le travail d'une poignée d'étudiants du collège Williams — parce qu'ils ont prié, comme Josias l'a fait.

JOSIAS, L'ACTIVISTE

Le jeune Josias est l'instrument d'un réveil, parce qu'il sait agir selon ses convictions. Dans 2 Chroniques 34.3, nous découvrons qu'il commence à purifier Jérusalem et Juda de ses idoles après avoir recherché la volonté du Dieu de son père David. Il sait qu'il ne peut pas tout faire, mais il sait aussi qu'il peut faire quelque chose, et il le fait, sachant que son exemple motivera d'autres à agir. Sans doute, choisir d'être le premier à suivre la voie de la transformation spirituelle et morale, c'est choisir une voie solitaire, mais d'autres se joignent bientôt à lui, attirés à la cause par son exemple et sa passion.

C'est difficile de se déclarer pour une cause radicale, surtout lorsqu'elle est loin d'être populaire et qu'elle nous rend ridicules aux yeux des étudiants, des professeurs, des amis et de la famille. Mais le sacrifice en vaut toujours le cout. Dieu en vaut toujours le cout.

J'avais un ami, au collège, du nom de Bruce. À l'époque, nous étions tous deux chrétiens depuis environ un an. Nous avions un professeur d'anglais reconnu pour son scepticisme à l'égard du christianisme. Il se plaisait à discréditer la Bible et la foi chrétienne chaque fois que l'occasion se présentait. Les 300 à 400 étudiants qui suivaient ses cours chaque trimestre notaient tout ce qu'il disait sans remettre en question le bienfondé de ses affirmations. S'ils étaient chrétiens, cela les ébranlait dans leur foi. Ce professeur était très intimidant et n'hésitait pas à se moquer de tout chrétien qui osait défendre sa foi. J'avais donc décidé que j'allais suivre le cours en silence dans l'espoir d'éviter ainsi de me faire ridiculiser.

Bruce a choisi d'agir autrement. Il a décidé qu'il n'allait pas laisser ce professeur attaquer sa foi sans chercher à la défendre. Un après-midi, il s'est rendu au bureau du professeur pour lui demander d'expliquer pourquoi il disait que l'Ancien Testament contenait deux versions contradictoires des dix commandements. À contrecœur, le professeur a tiré sa Bible de son étagère et l'a ouverte pour prouver ses affirmations à mon ami. Après avoir passé quelques minutes à trouver les deux passages en question, il a regardé mon ami, tout surpris, en disant : « Eh bien ! Regarde donc ça ! Il y a bel et bien deux versions des dix commandements dans les Écritures, mais elles ne se contredisent pas. »

À ma connaissance, le professeur n'a jamais plus enseigné cette fausseté. Bruce a osé s'affirmer comme chrétien et agir, même si sa note pouvait en souffrir. Et en fin de compte, cette expérience a fait de lui — et de moi aussi — un témoin de Christ plus hardi.

Dans ce monde, les agents de transformation ne sont pas nécessairement les gens les plus intelligents, les plus riches ou les plus puissants. Les gens qui deviennent agents de transformation sont plutôt ceux qui sont prêts à s'afficher et à souffrir pour ce qu'ils croient. Je trouve les petits pas de foi que Bruce et moi avons pris comme étudiants (et qui semblaient si difficiles à l'époque) insignifiants comparés au courage, à la foi radicale et à la souffrance des étudiants chrétiens dans les nations hostiles au christianisme. Voici une histoire racontée dans une lettre datée de 1982, en provenance de la province du Henan :

> Lorsqu'une jeune fille de 14 ans, après avoir été battue, se relève pour continuer à témoigner de Jésus, toutes sortes de personnes commencent à pleurer, à se repentir et à croire en Jésus. Quatre jeunes hommes chrétiens, arrêtés et forcés de s'agenouiller pendant trois jours, sans boire ni manger, continuent de prier, de chanter et de louer le Seigneur tout le temps qu'on les bat, jusqu'à ce que leurs bourreaux, convaincus par l'Esprit, croient à l'Évangile.

L'auteur continue sa lettre en disant que dans cette province, le feu de l'Évangile se répand partout[21].

De telles histoires nous aident à comprendre comment l'Église souterraine illégale en Chine, qui comptait un million de membres en 1951 (l'année de la déportation de tous les missionnaires étrangers), atteint plus de 90 millions de membres 50 ans plus tard. Ce n'est qu'un exemple du courage et de la foi radicale dont font preuve les chrétiens persécutés dans différents pays du monde jusqu'à aujourd'hui.

JOSIAS, LE PRÉDICATEUR

En étudiant la vie de Josias, nous découvrons qu'il ose proclamer publiquement la Parole de Dieu. En se fondant sur les Écritures, il prêche devant les foules, en plaidant avec elles et en les exhortant à retourner au Seigneur.

Il y a environ cent ans, un jeune homme de 26 ans n'a pas hésité à exhorter ses contemporains à chercher le Seigneur. Il s'agit d'Evan Roberts du pays de Galles.

Roberts, un étudiant au collège Newcastle Emlyn, vit une rencontre profonde avec Dieu pendant laquelle il se trouve purifié et éveillé par l'Esprit, et chargé d'un grand fardeau pour le réveil :

> Pendant longtemps, l'échec du christianisme a profondément troublé mes pensées et mon âme [...] Mais une nuit, après une soirée passée à angoisser à ce sujet, je me suis endormi. Tout à coup, vers une heure du matin, je me suis réveillé pour me trouver dans la présence même du Dieu tout-puissant, rempli d'une joie et d'un émerveillement indescriptibles. Pendant quatre heures, j'ai eu le privilège de m'entretenir avec lui tout comme un homme parle à son ami. Vers 5 heures, j'ai eu l'impression de retourner sur terre [...] Cela s'est passé non seulement ce matin-là, mais tous les matins, pendant trois ou quatre mois [...] Je savais que Dieu allait se manifester dans ce pays, et non seulement dans ce pays, mais dans le monde entier[22].

Ces vigiles de prières sont accompagnées de visions récurrentes pendant lesquelles Dieu révèle à Roberts que 100 000 âmes seront sauvées dans le réveil qui va bientôt éclater au pays de Galles. (Le fait que cela s'est produit semble confirmer ces visions.)

Ces temps de prière et ces visions le remplissent de passion. Avec la permission du directeur du collège, Roberts laisse de côté ses études pour retourner dans son village de Loughor et y prêcher son premier sermon. Évidemment, Dieu n'avait pas donné de vision similaire à son pasteur. Ce dernier accepte, mais à contrecœur, de permettre à Roberts de prêcher après la réunion de prière du mercredi soir à ceux et celles qui seraient prêts à l'écouter. Il prêche donc son premier message à un petit groupe de 17 personnes. Son simple message se résume à ces quatre points : confesser à Dieu tout péché connu et réparer tout tort fait aux autres ; se défaire de toute habitude douteuse ; obéir promptement au Saint-Esprit ; et confesser sa foi en Christ ouvertement. Roberts décrit cette soirée ainsi : « En premier, ils ne semblaient pas vouloir m'écouter ; mais j'ai persisté, et finalement, la puissance de l'Esprit s'est manifestée[23]. »

L'Esprit se manifeste, c'est indéniable. Deux femmes commencent à s'écrier à Dieu sous l'action de l'Esprit. Roberts lui-même se trouve rempli d'émerveillement. Les gens s'écrient : « Rien de plus, Seigneur Jésus, sinon je meurs. » D'autres implorent sa miséricorde, pleurent ou louent Dieu. Plusieurs s'évanouissent ou se prosternent à terre tant la conviction de Dieu pèse sur eux. Selon l'historien Eifion Evans, tout cela est « tout aussi incroyable qu'inusité[24] ».

La nouvelle se répand à travers le pays de Galles au même rythme que l'éveil. Selon Edwin Orr, historien de l'Église, en moins de 3 mois, 100 000 nouveaux convertis s'ajoutent aux églises.

> Les journaux publient les noms des personnes qui deviennent citoyens du Royaume. Les rues qui longent les chapelles débordent de gens. Les collèges ferment leurs portes et les étudiants se rendent aux réunions de prière en chantant et en louant Dieu. Certains forment des brigades de prière : un village organise des brigades de prière qui se réunissent la nuit pour prier que Dieu réveille les gens de leur sommeil, les convainque de leur péché et sauve leurs âmes. Et on entend parler de gens qui sortent de leurs lits au beau milieu de la nuit pour aller trouver un groupe de prière, en implorant Dieu de les sauver[25].

Le taux d'alcoolisme chute de 50 %. Il y a si peu de crimes que les juges se trouvent oisifs. Il y a même une baisse de productivité dans les mines parce que tant de mineurs ont cessé de prononcer des obscénités. Comment cela affecte-t-il la productivité ?

> Les ânes sont confus. Un cadre me dit que par le passé, les transporteurs, qui comptaient parmi les pires des hommes, faisaient avancer les ânes à coups de pied, en usant d'obscénités. Mais ils ne prononcent plus de grossièretés et ne donnent plus de coups de pied, et ce n'est donc qu'avec difficulté qu'ils font

avancer les ânes[26].

Ce ne sont que les prémices. Du pays de Galles, l'Éveil mondial de 1904 à 1907 se répand à l'Angleterre, à l'Europe et aux États-Unis avant de s'étendre à d'autres pays encore.

Roberts a osé proclamer ouvertement la vérité. L'Esprit de Dieu a utilisé les simples paroles de cet étudiant pieux pour déclencher un éveil qui a transformé une nation, encerclé le globe et amené des millions d'âmes à Christ en moins de cinq ans.

JOSIAS SE CONFESSE

Josias n'est pas seulement un activiste, mais aussi un homme de prière — un humble serviteur qui confesse ses fautes et les fautes de son peuple. En entendant parler du livre de la Loi perdu depuis plus de 80 ans et enfin retrouvé, non seulement Josias se repent-il, mais il se repent au nom de la nation entière, qui risque de subir la condamnation divine (2 Chroniques 34.19-21). Il confesse ses péchés et les péchés du peuple, pour ensuite proclamer la Parole de Dieu au peuple, pour que chacun puisse se détourner de son péché et se confesser pour être purifié de tout péché. Ce n'était qu'en faisant ainsi que le peuple pourrait éviter le jugement de Dieu.

Qu'est-ce que la confession ? C'est nous mettre d'accord avec Dieu. C'est reconnaitre que nous avions tort de pécher, que nos péchés sont pardonnés grâce à la mort de Christ pour nous, et que nous avons à nous en détourner pour retourner de tout cœur à Dieu (nous repentir).

Souvent, lorsque nous pensons à la confession, ce qui nous vient à l'esprit, c'est un des passages clés du Nouveau Testament à ce sujet : « Mais si nous confessons nos péchés, nous pouvons avoir confiance en Dieu, car il est juste : il pardonnera nos péchés et nous purifiera de tout mal » (1 Jean 1.19). Mais une autre dimension de la confession joue un rôle critique dans le réveil. Dans Jacques 5.16, nous lisons : « Confessez donc vos péchés les uns aux autres, et priez les uns pour les autres, afin d'être guéris. » Si le verset en 1 Jean met l'accent sur la purification du péché qui accompagne la confession à Dieu, celui en Jacques met plutôt l'accent sur la guérison qui accompagne la confession de nos péchés les uns aux autres. Pendant un réveil, le peuple de Dieu fait l'expérience de ces deux facettes de la confession.

Josias ne cherche pas à cacher son péché ou à le déguiser sous des termes spirituels. Il ne cherche pas à blâmer les autres, à s'expliquer ou à s'excuser d'une façon quelconque. Au contraire, il accueille de tout cœur la Parole et l'Esprit, qui agissent de concert pour lui révéler son péché et l'en convaincre.

Bien que le réveil se manifeste de toutes sortes de façons, la confession du péché joue un rôle central dans tous les réveils, et cela, sans exception.

La confession a lieu au pays de Galles, au début de l'Éveil mondial de 1904 à 1907 initié par Evan Roberts : « Le réveil a commencé lorsque l'une des femmes les plus orgueilleuses de l'assemblée est tombée à genoux en priant et en confessant son péché sans hésitation [...] D'autres ont rapidement suivi son exemple avec tant de spontanéité, que tout le monde en était étonné[27]. »

Le réveil traverse l'Atlantique pour éclater sur les campus des États-Unis, et là aussi, nous voyons la confession prendre la place centrale :

> Pendant trois semaines [...], les professeurs et les étudiants se prosternent à terre [...] De terribles confessions se font [...] Cela a commencé à midi et a continué jusqu'au lendemain. Certains ont essayé de s'esquiver sans se confesser, mais l'Esprit les a contraints à retourner pour se confesser à leur tour [...] Une fois les confessions terminées, la présence puissante de Dieu a rempli l'endroit où nous étions. Nous marchions sur la pointe des pieds tant l'ambiance était sainte[28].

De même, c'est par la confession que le réveil prend feu en Corée, à l'autre bout du monde : « Tout l'auditoire était convaincu de son péché. Le culte a commencé à 19 heures, le dimanche soir, et ne s'est terminé qu'à 2 heures, le lundi matin. Pendant tout ce temps, des douzaines de personnes sanglotaient en attendant de se confesser à leur tour[29]. »

La confession est une nécessité pour toute personne qui veut que Dieu manifeste sa puissance en elle et fasse d'elle un agent de réveil.

JOSIAS, LE RASSEMBLEUR DU PEUPLE

Josias ne fait pas seulement lancer l'appel au réveil, mais il persuade d'autres personnes à se joindre à sa cause. Il joue un rôle mobilisateur en tant que dirigeant. « Ils se rendirent ensemble au temple du Seigneur, accompagnés de la population de Jérusalem et de Juda, prêtres, lévites et gens de toutes conditions. Puis, le roi leur lut à tous le livre de l'alliance découvert dans le temple » (2 Chroniques 34.30).

Josias ne se contente pas de donner des ordres ou de disséminer de l'information. Il lit lui-même les Écritures en présence du peuple pour que chacun puisse entendre la voix de Dieu et se soumettre à l'Éternel. Il les appelle à servir le royaume en les implorant de retourner de tout cœur au Seigneur et de se soumettre pleinement à lui pour être les instruments de sa justice, de sa sainteté et de son amour.

Seul, Josias n'aurait jamais pu accomplir l'œuvre que Dieu lui avait confiée ; des dizaines, des centaines, des milliers de personnes devaient accueillir le Seigneur et se consacrer à sa mission. Et donc, Josias a rassemblé une armée.

Rassembler une armée… Cette tâche peut nous intimider, mais nous pouvons l'accomplir si l'Esprit touche les cœurs et influence la volonté des gens. Il s'agit d'une tâche essentielle. Aucun de nous n'est assez fort, assez spirituel, assez doué ou assez intelligent pour devenir la seule source de bénédiction sur notre campus ou dans notre communauté. Nous devons inviter autant de gens que possible à se joindre à nous.

Et ceux qui se joignent à nous doivent aussi devenir des agents mobilisateurs qui appellent d'autres personnes à participer à la mission. Si un petit nombre de personnes en appellent d'autres, qui en appellent d'autres, qui en appellent d'autres encore, un mouvement puissant se crée en très peu de temps. En fait, une telle croissance exponentielle est la définition même d'un mouvement spirituel. Un tel mouvement pourrait influencer les moindres recoins d'un campus en formant une multitude de dirigeants qui influencent les gens qu'ils connaissent pour Christ.

Au collège Berry (un collège privé à Rome, Georgia), un éveil a éclaté au milieu des années 80 parce que deux étudiants en ont invité d'autres à se joindre à eux. Deux jeunes hommes, conscients du fait qu'il y avait très peu d'activités chrétiennes sur le campus, ont commencé à se soucier de l'état spirituel des étudiants. Après avoir lu le livre que vous tenez à la main, ils ont décidé d'inviter d'autres étudiants à se joindre à eux pour prier pour un réveil et y travailler ensemble. Ils racontent qu'en moins de 2 ans, l'assistance aux réunions chrétiennes avait quadruplé et que 10 % de la population étudiante participait à des petits groupes d'étude biblique.

C'est quelque chose ! Tout cela s'est passé parce que deux étudiants ont décidé de prier et d'en inviter d'autres à se joindre à eux.

LA DIRECTION SPIRITUELLE

Le point capital de tout ce que je viens de dire, c'est que les éveils spirituels sont souvent déclenchés par une poignée de chrétiens, hommes ou femmes, qui sont prêts à tout faire pour Jésus, qui prient avec ferveur pour un éveil spirituel, qui vivent courageusement selon leurs convictions, qui confessent honnêtement leurs péchés ainsi que les péchés des étudiants et de leur communauté, et qui proclament sans crainte la Parole de Dieu pour ensuite en appeler d'autres à faire comme eux. Nous devenons directeurs spirituels lorsque nous assumons ces rôles, tout comme Josias l'a fait, car c'est là la définition même de la direction spirituelle.

Retournons à l'exemple d'Evan Roberts. Il n'avait que 26 ans ;

17 personnes seulement ont écouté sa première prédication ; il n'avait pas encore terminé ses études et il n'était pas un prédicateur accompli. Mais il était prêt à prier, à prêcher, à agir, à se confesser et à appeler autant de gens que possible à se joindre à lui. Dieu s'est servi de Roberts et des gens qu'il a influencés pour transformer 100 000 citoyens du pays de Galles en citoyens du Royaume de Christ, et pour changer le climat spirituel du pays.

Il est important de comprendre que la direction spirituelle prend différentes allures selon l'époque, les circonstances et la personne. Une histoire importante précède l'histoire d'Evan Roberts de six mois. Il s'agit de la première lueur du grand réveil à venir.

Le pasteur Joseph Jenkins avait organisé une réunion de prière pour les jeunes de Cardiganshire. Pendant cette soirée, il a invité les participants à partager quelque chose, n'importe quoi, au sujet de leur cheminement spirituel — mais personne n'osait parler. Finalement, une jeune fille nommée Florrie Evans s'est levée et a prononcé ces quelques paroles d'une voix toute tremblante d'émotion : « Si personne d'autre ne va le faire, alors je dois dire que j'aime le Seigneur Jésus-Christ de tout mon cœur. » Le journaliste W.T. Stead décrit ainsi ce qui s'est alors passé : « La passion et le pathétisme de cet aveu ont agi comme une décharge électrique sur la congrégation. Les uns après les autres, les gens se sont levés pour s'abandonner pleinement à Dieu. La nouvelle s'est vite répandue qu'il y avait un réveil et que le Seigneur attirait des âmes à lui[30]. »

Les histoires de Roberts et d'Evans servent d'exemples qui nous encouragent à croire que Dieu peut transformer chacun de nous en agent de réveil ou d'éveil. L'apôtre Paul a écrit à Timothée : « Que personne ne te méprise parce que tu es jeune ; mais sois un exemple pour les croyants, dans tes paroles, ta conduite, ton amour, ta foi et ta pureté » (1 Timothée 4.12).

En étudiant l'histoire de l'Église, nous découvrons qu'il ne faut pas dire que « Dieu peut même utiliser les jeunes ». Il est beaucoup plus exact de dire que « Dieu utilise d'habitude les jeunes gens » comme agents de réveils. Nous ne devons jamais présenter comme excuse le fait que nous sommes jeunes ou que nous manquons d'expérience. Nous avons besoin d'un réveil aujourd'hui, et nous pouvons en être les déclencheurs, quel que soit notre âge.

CINQ PRÉREQUIS POUR LE RÉVEIL

> *Les réveils ne doivent rien au hasard ; ils témoignent de la souveraineté de Dieu [...] Nous notons une régularité dans leur apparition et nous pouvons même les anticiper, selon les limites de nos connaissances [...] Nous observons tout premièrement qu'ils ont lieu lorsque les temps sont propices et lorsque nous nous y sommes préparés* [31].
>
> James Burns

Lorsque nous pensons à la possibilité d'un réveil ou d'un éveil sur notre campus, nous devons nous poser cette question : « Quelle est la part de Dieu dans le réveil, et quelle est notre part ? »

Pour répondre à la question, nous devons garder deux faits en tête. Premièrement, Dieu est la source du réveil, et non l'homme. Le Seigneur l'initie, l'établit et le conserve. Deuxièmement, Dieu attend souvent une manifestation de foi et d'obéissance de la part de son peuple avant de lui envoyer un réveil. Nous ne pouvons pas assumer la part qui revient à Dieu, mais nous pouvons assumer la nôtre. G. Campbell Morgan a dit : « Nous ne pouvons pas organiser un réveil, mais nous pouvons étendre nos voiles pour capter le vent céleste lorsque Dieu choisit de souffler de nouveau sur son peuple[32]. »

Lorsque nous étudions les réveils, nous découvrons que nous pouvons étendre nos voiles pour capter le souffle céleste en satisfaisant à cinq conditions. Si nous mettons en pratique ces cinq principes, il est tout à fait possible que Dieu choisisse de répandre sa faveur divine sur nos campus, nos pays et notre monde.

Nous trouvons ces principes décrits un peu partout dans les Écritures, mais 2 Chroniques 7.13-14, un texte clé, en offre le résumé :

Supposons qu'un jour je ferme le ciel et qu'il n'y ait plus de pluie, ou que j'ordonne aux sauterelles de ravager le pays, ou encore que j'envoie une épidémie de peste sur mon peuple : si alors mon peuple, le peuple à qui j'ai donné mon nom, s'humilie et prie, si les Israélites me recherchent en renonçant à leur mauvaise conduite, moi, dans le ciel, je serai attentif, je pardonnerai leur péché et je rétablirai la prospérité de leur pays.

Ces versets présentent cinq prérequis pour le réveil :

1. Reconnaitre notre besoin désespéré de réveil ;

2. Venir humblement devant Dieu ;

3. Confesser notre péché et nous en détourner ;

4. Persévérer dans la prière ;

5. Inviter le peuple entier à suivre ces principes.

Dans ce chapitre, nous regarderons de plus près le premier de ceux-ci.

RECONNAITRE NOTRE BESOIN DÉSESPÉRÉ DE RÉVEIL

Il est important de comprendre le contexte de 1 Chroniques 7. Dieu dit ces paroles à Salomon à un point culminant de l'histoire du peuple d'Israël. Nous pourrions même dire qu'Israël vivait alors un réveil. Pendant des siècles, le peuple s'était réuni devant une tente pour adorer Dieu. Mais voilà que Salomon siégeait finalement à l'inauguration du premier temple. Ce roi d'Israël était révéré de partout pour sa sagesse. La force politique et militaire d'Israël était à son apogée. Le peuple n'avait pas encore délaissé Dieu ouvertement. C'était une époque de spiritualité florissante. Pourquoi Dieu a-t-il prononcé en de telles circonstances des paroles décourageantes concernant la peste, les sauterelles ou la sècheresse ?

Dieu sait que les êtres humains ne savent pas bien gérer la prospérité, qu'elle soit matérielle ou spirituelle. Comme John Wesley nous l'a fait remarquer, la prospérité spirituelle produit la diligence ; la diligence produit l'abondance matérielle ; l'abondance matérielle produit la paresse et l'avarice ; l'avarice et la paresse produisent le déclin spirituel ; le déclin spirituel provoque le jugement de Dieu, ce qui exige un autre réveil.

Dieu semble dire à Israël qu'un jour, lorsque le cycle de la prospérité se terminera, il devra attirer de nouveau leur attention sur leur condition spirituelle. Au verset 13, Dieu cite en exemple trois moyens qu'il utilise pour attirer l'attention du peuple : la sècheresse, la maladie et les infestations de sauterelles. Aussi surprenant que cela puisse paraître, de telles difficultés sont en fait des manifestations de sa grâce. En exerçant sa discipline compatissante, Dieu nous aide à satisfaire au premier prérequis : la constatation de notre besoin désespéré d'un réveil spirituel. C'est triste à dire, mais souvent, Dieu ne peut attirer notre attention qu'en nous laissant souffrir. Comme C. S. Lewis l'a dit : « Dieu murmure dans nos moments de joie, mais tonne dans nos souffrances. La souffrance est son mégaphone pour réveiller un monde engourdi[33]. »

Bien que Dieu envoie tout d'abord ses prophètes, ses prédicateurs et sa Parole pour nous avertir, bien souvent, ce n'est que lorsque nous nous trouvons dans une situation tragique que nous lui prêtons attention. Et si nous persistons à l'ignorer... alors, nous pouvons nous attendre à un fléau de sauterelles. Si nous ne reconnaissons pas notre pauvreté spirituelle, nous persisterons à suivre des voies de plus en plus destructrices.

Si vous demandiez à mille étudiants chrétiens de votre campus de répondre à un sondage concernant l'apathie, le déclin spirituel, l'absence de sens et la corrosion morale en leur demandant s'ils pensent que nous avons besoin d'un éveil spirituel aujourd'hui, je crois que la majorité d'entre eux répondraient : « Assurément ». Mais Dieu ne se contente pas d'un simple assentiment intellectuel.

Il y a une grande différence entre savoir qu'un problème existe et être prêt à tout faire pour le régler. Les consommateurs de tabac savent peut-être qu'ils ont besoin de cesser de fumer, mais il se peut fort bien qu'ils n'agissent que lorsqu'ils reçoivent un diagnostic de cancer des poumons.

Ce n'est que lorsqu'une poignée de chrétiens engagés constatent l'urgence désespérée du besoin et décident d'agir ensemble pour changer la situation que des flammèches d'éveil spirituel s'allument.

PLAIES MODERNES

Qu'est-ce qui produit le désir ardent d'agir pour changer la situation ? Selon 2 Chroniques 7.13, ce sont souvent les épidémies de plaies physiques et morales qui affligent la société et nos campus et qui nous affligent tout autant qu'eux, sinon plus.

Nous ne sommes pas l'Israël physique, et donc, nous ne pouvons établir qu'une analogie partielle entre la situation qui existait alors en Israël et la nôtre aujourd'hui. De nos jours, la plupart des plaies qui nous affligent sont les conséquences naturelles du péché ou de la vie dans un monde déchu, et non une discipline exercée sur une nation particulière choisie pour représenter Dieu. De façon générale, nous subissons aujourd'hui surtout des plaies morales, intellectuelles et spirituelles plutôt qu'économiques (bien que je devrais vérifier pour m'assurer que les sauterelles ne sont pas en train d'envahir ma cour arrière avant de minimiser la possibilité de plaies bibliques).

Cela dit, nous ne voulons pas ignorer les similarités entre la situation d'alors et celle d'aujourd'hui. Quelles seraient les plaies physiques, morales, intellectuelles et spirituelles aux mille et une causes qui pourraient être en train de nous affliger ? Il pourrait s'agir de dépendance à l'alcool ou à d'autres drogues, du SIDA, de la pornographie, de troubles alimentaires, de dépendances sexuelles, du divorce, de la violence conjugale et familiale, de l'avortement, de l'automutilation, d'un matérialisme déréglé, de la dépression, de l'anxiété, de la haine et de la violence, de préjugés, de l'athéisme et de l'impiété, de la guerre et du génocide, de désastres naturels, du désespoir, d'un manque de direction dans la vie ou du suicide.

En tant que chrétiens, nous ne sommes pas exempts de ces souffrances. À un moment ou l'autre — et cela, depuis que nous sommes chrétiens —, nous avons été opprimés par notre esclavage à quelque chose : la rage, les pensées impures, une alimentation malsaine, la pornographie, la dépression, et ainsi de suite. C'est en de tels moments que nous découvrons à quel point ces plaies nous font souffrir. Nous ressentons la honte, le désespoir et l'impuissance. Nous souffrons les conséquences du mal. Ce n'est que lorsque nous arrivons à la fin de nous-mêmes que nous demandons à Dieu d'intervenir, en reconnaissant notre besoin ardent de la puissance, de la transformation et du renouveau offerts par l'Esprit.

Que notre fardeau trouve sa source dans la souffrance qui nous entoure ou dans notre propre souffrance, cela importe peu. L'oppression produit des révolutionnaires, du moins, elle le peut. Certes, nous pouvons continuer à vivre, opprimés et pauvres, en limitant la portée de nos prières, en acceptant la vie telle qu'elle est, en nous pliant à nos circonstances, en devenant fatalistes ou en accueillant une version anémique de la foi chrétienne ; ou nous pouvons plutôt choisir de nous humilier devant Dieu, de le prier et de crier vers lui. C'est lorsque nous choisissons cette deuxième voie que les vents du réveil commencent à souffler.

DÉSIRER ARDEMMENT CHANGER

Josias, Samuel Mills et Evan Roberts désiraient ardemment voir leur situation changer. C'est le premier prérequis du réveil. Lorsqu'une personne se rend compte du besoin d'un réveil, elle devient motivée à prier pour le réveil et à obéir à Dieu par la foi.

En Jean 2.13-22, nous lisons l'histoire de Jésus qui nettoie le temple à Jérusalem. Lorsqu'il voit le temple rempli de vendeurs d'animaux et de changeurs de monnaie, Jésus fabrique un fouet de cordes, les chasse du temple, déverse leur argent par terre et renverse leurs tables pour ensuite proclamer : « Enlevez tout cela d'ici ! Ne faites pas de la maison de mon Père une maison de commerce ! »

Jésus, consumé par le zèle, veut mettre fin à ce dénigrement du temple. Il n'agit pas comme nous avons si souvent tendance à faire. Il ne se tord pas les mains en se lamentant de cette situation déplorable : « Quelle situation atroce ! Quel dégât épouvantable dans le temple ! Quelqu'un devrait tout nettoyer. Je le ferais, mais ce n'est pas ma responsabilité, et je suis tout simplement trop occupé pour m'en charger. D'ailleurs, je pourrais offenser quelqu'un, si je disais quelque chose, et je ne veux pas paraitre critique ou étroit d'esprit. »

Non seulement Jésus est-il conscient de la situation, mais encore agit-il pour la rectifier. Jean nous offre ce commentaire de la situation : « Ses disciples se rappelèrent ces paroles de l'Écriture : "L'amour que j'ai pour ta maison, ô Dieu, me consumera comme un feu" » (Jean 2.17).

Le besoin de résoudre le problème « consumait » Jésus. Qu'est-ce qui « consume » les chrétiens sur votre campus ? Qu'est-ce qui vous consume ? Quel est le désir le plus ardent de votre cœur ?

Êtes-vous pleinement conscient du fait que vos besoins et ceux des étudiants qui vous entourent sont si vastes qu'il n'y a rien à y faire si Dieu ne manifeste pas sa grâce et sa puissance ? Est-ce que le fardeau que vous et vos amis avez pour le réveil vous propulse à prier et à en inviter d'autres à prier ? Voulez-vous ardemment voir Dieu agir, de telle sorte que s'il ne le fait pas, cela vous rendra malade ? Comme le dit Bob Biehl, expert en management : « Qu'est-ce qui vous fait pleurer et marteler la table de vos poings ? »

Nous avons besoin que le Seigneur produise en nous son zèle fervent, de sorte que nous sommes prêts à tout faire pour que le réveil éclate sur nos campus, peu importe le cout. Avant que le réveil éclate au pays de Galles, Evan Roberts a passé la nuit à prier, non seulement une fois, mais pendant des mois, tant le fardeau pour le réveil pesait sur lui. « Ce n'était pas seulement ce matin-là, mais tous les matins, pendant 3 ou 4 mois… et je savais que Dieu allait se manifester dans ce pays, et non seulement dans ce pays, mais dans le monde entier[34]. »

Pouvez-vous vous imaginer passer une grande partie de la nuit à prier pour un réveil, et cela, pendant des mois ? Évidemment, Roberts se trouvait « consumé » par le besoin d'un éveil spirituel.

S'il faut un lourd fardeau pour prier ainsi pendant trois mois, imaginez le poids d'un fardeau qui pousse quelqu'un à prier pendant 30 ans ! C'est ce qui a précédé le réveil de 1860 à Cape Town, en Afrique du Sud.

Au cours des années 1830, un missionnaire écossais en Afrique du Sud, Andrew Murray père, désirait ardemment que Dieu se manifeste puissamment à Cape Town. Il passait donc tous ses vendredis soirs à prier pour un réveil. Avec le temps, d'autres pasteurs et missionnaires de la région se sont joints à lui, ainsi que son fils, l'auteur chrétien bienaimé, Andrew Murray. (Après ses études au séminaire, ce dernier avait rejoint son père comme missionnaire en Afrique du Sud.) Ils ont continué à prier ainsi, année après année. En 1860, près de 30 ans plus tard, Dieu a commencé à manifester sa puissance. Cette citation du révérend J.C. Devries, qui animait la réunion qu'il décrit ci-dessous, nous offre un aperçu du fruit de 30 ans de prière :

> Dimanche soir, environ 60 jeunes s'étaient réunis dans une petite salle. J'animais la réunion. Nous avons commencé en chantant un cantique. Ensuite, j'ai prêché la Parole et j'ai prié. Par la suite, trois ou quatre personnes ont proposé un cantique ou ont prié, comme nous avions coutume de le faire. C'est alors qu'une jeune adolescente noire d'environ 15 ans, qui travaillait à une ferme des environs et qui était assise au fin fond de la salle, s'est levée pour demander si elle pourrait proposer un cantique. J'ai hésité avant de répondre, car je ne savais pas trop comment les gens réagiraient à sa demande, mais de meilleures pensées ont rapidement pris le dessus, et j'ai dit « oui ». Elle a

offert son cantique, pour ensuite prier avec ferveur. Tandis qu'elle priait, nous entendions un bruit à distance qui s'approchait de plus en plus, jusqu'à ébranler la salle […] Tout le monde a commencé à prier ; la plupart des gens priaient d'une voix audible, mais certains le faisaient en chuchotant. Le bruit était assourdissant. Un sentiment inexprimable m'a rempli. Même aujourd'hui, des années plus tard, les évènements de cette soirée inoubliable me reviennent à la mémoire tout comme un panorama émouvant[35].

N'est-ce pas le comble de l'ironie que Dieu ait utilisé le témoignage d'une jeune fille noire en Afrique du Sud, le pays de l'Apartheid, pour allumer le réveil à Cape Town ?

Dieu nous surprend souvent par son choix d'émissaires. Les réveils de Lewis de 1948 et 1952 illustrent clairement qu'il nous est impossible de deviner qui Dieu chargera d'un fardeau pour le réveil ou qui agira en réponse à un tel fardeau.

Au milieu du 20ᵉ siècle, le réveil a soufflé sur les iles Lewis, qui longent la côte ouest de l'Écosse. Les promoteurs surprenants de ce réveil étaient deux sœurs octogénaires, Peggy et Christine Smith. Peggy était aveugle et Christine souffrait d'arthrite aigüe. Elles ont dirigé le réveil de leur cottage, puisqu'elles étaient trop vieilles et trop malades pour se rendre à l'église.

> En novembre 1949, ce mouvement de la grâce a commencé sur l'ile Lewis. Deux vieilles femmes, l'une âgée de 84 ans et l'autre de 82 ans (l'une tout à fait aveugle, d'ailleurs), gémissaient en voyant l'état déplorable de leur paroisse. Aucun adolescent ne participait aux cultes. Aucun jeune homme ou jeune femme ne fréquentait l'église. Comme cette situation pesait lourd sur le cœur de ces deux femmes, elles ont commencé à en faire le sujet principal de leurs requêtes.

Un verset en particulier les a interpelées : « Car je vais arroser le pays qui meurt de soif, et faire couler des ruisseaux sur la terre desséchée. Je vais répandre mon Esprit sur tes enfants et ma bénédiction sur tes descendants » (Ésaïe 44.3). Le fardeau pesait tant sur elles qu'elles ont décidé de prier deux fois par semaine. Le mardi soir, vers 22 heures, elles ont commencé à prier, et elles ont persévéré dans la prière jusqu'à 3 ou 4 heures du matin — deux vieilles femmes dans un humble cottage[36].

Les sœurs, qui s'attendaient au réveil, ont demandé qu'on envoie un pasteur pour présider aux assemblées. Parce qu'elles jouissaient d'une intimité profonde avec Dieu, elles savaient qu'il s'agirait d'un dénommé Duncan Campbell avant même qu'il arrive. Elles savaient où il devait prêcher et qui seraient les sept futurs anciens de l'église (ces derniers ne s'étaient pas encore convertis). Lorsqu'elles ont indiqué au pasteur Campbell où il pourrait trouver ces futurs anciens pour les convertir, sa réticence les a poussées à s'exclamer : « Monsieur Campbell, si vous connaissiez Dieu comme vous devriez le connaitre, il vous révèlerait ses secrets à vous aussi[37]. »

Les sœurs ont continué à prier pendant plusieurs mois, jusqu'à ce que le réveil éclate. Kathie Walters, dans son livre Bright and Shining Revival (un réveil éclatant), offre cette description de l'évènement déclencheur :

> La première réunion a eu lieu dans la vieille église paroissiale. Beaucoup de personnes s'y étaient rendues, remplies d'attentes, mais rien d'inhabituel ne s'est passé […] Le deuxième soir, les gens sont venus des quatre coins de l'ile par autocar. Sept hommes se rendaient à la réunion en camion quand tout à coup, l'Esprit de Dieu est tombé sur eux avec grande conviction. Ils se sont tous convertis avant même d'arriver à l'église ! Tandis que le pasteur prêchait, une grande conviction a rempli la salle […] Les larmes coulaient sur les visages ; partout dans la salle, les hommes et les femmes

imploraient Dieu d'avoir pitié d'eux. Leur détresse était tellement profonde qu'on pouvait entendre leurs cris de la route.

Les gens ont commencé à retourner chez eux, pensant que la réunion était terminée. Alors que la dernière personne quittait la salle, un jeune homme a commencé à prier et à intercéder sous l'effet d'un fardeau écrasant. Il a continué à prier pendant 45 minutes, et durant tout ce temps, les gens se réunissaient dehors, jusqu'à ce qu'il y ait deux fois plus de monde à l'extérieur de l'église qu'il n'y en avait eu plus tôt à l'intérieur. Lorsque ce jeune homme a cessé de prier, les gens sont retournés dans le bâtiment et la réunion a continué jusqu'à 4 heures du matin. Aussitôt qu'ils se sont assis, le Saint-Esprit a commencé à les convaincre ; même les pécheurs les plus endurcis ont commencé à pleurer et à confesser leurs péchés.

Comme la réunion tirait à sa fin, quelqu'un est venu vers le pasteur en disant : « Viens avec moi ! Il y a une foule de personnes à l'extérieur du poste de police qui sanglotent. Nous ne savons pas ce qui se passe, mais ils demandent tous que quelqu'un vienne prier pour eux. »

Le pasteur a décrit ainsi la scène : « Je n'aurais jamais pu imaginer une telle scène. Jamais je ne l'oublierai. Sous un ciel étoilé, des hommes et des femmes s'agenouillaient partout, au bord de la route, à l'extérieur de leurs cottages, et même derrière des piles de tourbe, en implorant Dieu d'avoir pitié d'eux. »

La puissance de Dieu était tombée sur 600 personnes alors qu'elles se rendaient à l'église, et elles étaient tombées à genoux en se repentant, tout comme Paul l'avait fait sur la route de Damas[38].

Pendant 5 semaines, un puissant réveil a balayé cette paroisse avant de se répandre à d'autres villages.

Les réveils connaissent toujours des douleurs d'enfantement. Pour ce qui est du réveil de Lewis, deux octogénaires du nom de Peggy et Christine Smith ont assumé ces douleurs. Sur votre campus, ce pourrait être vous.

UN FARDEAU POUR LE CAMPUS

Il y a toujours une personne ou un petit groupe de personnes qui assume le fardeau. À l'automne de 1984, sur le campus de l'UCLA, c'était huit jeunes hommes.

Cette année-là, j'étais conférencier pour un grand congrès étudiant en Californie. Plus de 500 étudiants de plus de 30 collèges et universités y assistaient. Plusieurs de ces campus étaient représentés par 20, 30 ou même 100 étudiants. Mais l'UCLA, un campus influent de la Californie, qui comptait plus de 30 000 étudiants et qui avait été le site du tout premier ministère de Campus Crusade for Christ, n'avait envoyé que huit jeunes hommes.

Quelques-uns de ces huit étudiants sont venus me parler pour me demander ce qu'ils pouvaient faire pour exercer une plus grande influence pour Christ sur leur campus. Ils avaient essayé par tous les moyens d'encourager les étudiants à s'engager. Certains de ces derniers participaient aux rencontres, mais les seuls qui s'engageaient vraiment étaient les huit jeunes hommes au congrès.

Je leur ai demandé s'ils en avaient conclu que le seul espoir pour leur campus et pour leur ministère était de voir Dieu agir de façon surnaturelle et souveraine pour leur envoyer un réveil.

Chacun m'a assuré que c'était le cas.

J'ai donc suggéré qu'ils se plient aux conditions du réveil et qu'ils persévèrent dans cette voie jusqu'à ce Dieu les bénisse de façon significative.

Pendant une réunion de prière, ils ont reconnu leur besoin et avoué qu'ils n'avaient pas posé le fondement de l'éveil spirituel. Ils ont demandé à Dieu de les rendre capables de le faire dans les jours à venir.

Peu après ce congrès, notre troisième enfant est né. Pendant les huit mois qui ont suivi sa naissance, je ne pensais à ces hommes que de temps à autre, et je ne priais que rarement pour eux.

L'été venu, j'ai donné un cours biblique. L'un des étudiants venait de l'UCLA. Un jour, il m'a posé cette question : « C'est vraiment intéressant, ce qui s'est passé à l'UCLA cette année, n'est-ce pas ? »

Puisque je n'avais rien entendu, je lui ai demandé de m'en parler.

Il m'a raconté une histoire remarquable. Dieu avait agi, c'était évident !

Les huit étudiants au congrès sont partis de là prêts à satisfaire aux conditions du réveil. Ils ont commencé à se rencontrer quotidiennement pour prier pour le réveil. Ils ont décidé qu'ils allaient persévérer ensemble dans la prière quoi qu'il arrive.

Après quelques semaines, l'assistance aux réunions a augmenté. De plus en plus d'étudiants ont commencé à parler spontanément de leur manque d'engagement envers Christ et de leur désir de changer. La terre était devenue fertile, et le mouvement a pu envoyer 45 étudiants au congrès de Noël de la Californie (5 fois plus d'étudiants qu'au congrès de l'automne).

De retour au campus en janvier, les étudiants ont commencé à prier en grand nombre chaque semaine. Ils ont organisé un groupe appelé l'Heure de la puissance, qui se consacrait à la prière pour un réveil sur le campus. Les étudiants devenaient de plus en plus nombreux à participer à l'évangélisation et à la formation de disciples, et près de 175 étudiants participaient à la rencontre hebdomadaire du mouvement. Lorsqu'un évangéliste des GBU a visité le campus en février et que de grandes foules sont venues l'entendre, les étudiants de Campus Crusade for Christ ont partagé l'Évangile individuellement avec les intéressés. Cette semaine-là, des centaines d'étudiants ont eu l'occasion d'entendre une présentation de l'Évangile personnalisée !

Pendant le trimestre du printemps, le groupe a décidé d'organiser une retraite. Plus de 100 étudiants y ont participé, et leurs cœurs ont été puissamment et profondément transformés. Lorsque les équipiers de Campus Crusade for Christ ont quitté le campus pour leurs missions d'été, ils ont confié le ministère aux étudiants. Cela n'a fait qu'approfondir l'engagement de ces derniers.

Huit mois après la première conférence, plus de 40 étudiants de l'UCLA ont participé à des projets missionnaires d'été. Il n'y avait eu que 8 étudiants à la conférence de l'automne, et voilà que 5 fois plus d'étudiants avaient consacré leur été à la mission ! Un réveil, en quelque sorte, avait commencé.

Au cours de la prochaine année, je me suis tenu au courant de ce qui se passait à l'UCLA, et j'ai découvert que Dieu continuait à agir de façon puissante dans leurs réunions de prière et dans le ministère. À la suite d'une grande réunion de prière extérieure qui avait rassemblé les étudiants membres de tous les groupes chrétiens, le journal étudiant, The Daily Bruin, a publié une photo et un grand article concernant l'œuvre de Dieu sur le campus.

Lorsque j'ai demandé aux étudiants ce que Dieu avait fait pour changer la situation, ils m'ont tout de suite répondu, l'air surpris : « Mais c'est simple. Dieu a agi avec puissance sur notre campus parce que nous lui avons demandé de le faire en respectant ses conditions. » (Quelques années plus tard, lorsque j'ai demandé à un des équipiers pourquoi les effets de l'éveil avaient diminué après trois ans, il m'a dit : « Sans doute avons-nous commencé à trop organiser le travail de Dieu. »)

Dieu a agi d'une façon merveilleuse à l'UCLA. Mais ne perdons pas de vue ce fait important : cela ne se serait surement pas passé si ces huit étudiants n'avaient pas eu la conviction profonde qu'ils devaient agir pour que la condition spirituelle de leur mouvement et de leur campus soit transformée et s'ils n'avaient pas décidé de respecter les conditions de Dieu.

Avant de parler du deuxième prérequis pour le réveil et l'éveil, j'aimerais vous offrir trois conseils à mettre en pratique. Premièrement, dressez la liste d'au moins 15 raisons pour lesquelles votre campus a besoin d'un éveil spirituel et pour lesquelles votre mouvement chrétien a besoin de réveil, pour ensuite afficher la liste là où vous pourrez la consulter chaque jour. Deuxièmement, priez quotidiennement que Dieu vous donne, à vous et à vos amis, un fardeau pressant pour un éveil sur le campus. Troisièmement, parlez aux autres de ce besoin en les invitant à se joindre à vous pour prier ensemble pour le réveil.

En suivant ces trois conseils si simples, mais si importants, vous ferez les premiers pas vers un éveil spirituel sur votre campus.

L'HUMILITÉ ET SON RÔLE DANS LE RÉVEIL

Résolution 37 : Je ferai un examen de conscience chaque soir avant de me coucher pour découvrir si j'ai agi avec négligence, si j'ai commis un péché quelconque et en quoi je me suis renié moi-même. Je le ferai aussi à la fin de chaque semaine, de chaque mois et de chaque année.

Résolution 48 : Je vérifierai l'état de mon âme continuellement avec diligence, en la scrutant profondément, pour discerner si j'aime vraiment le Seigneur ou non, afin qu'à ma mort je n'aie pas à me repentir d'une négligence quelconque à cet égard.

Résolution 65 : Je m'exercerai aussi honnêtement et pleinement que possible à déclarer mes voies au Seigneur et à répandre mon cœur devant lui en lui parlant de tous mes péchés, de toutes mes tentations, de toutes mes difficultés, de tous mes chagrins, de tous mes espoirs, de tous mes désirs ; bref, de tout, en toutes circonstances [39].

Jonathan Edwards

Faites une recherche du mot *humility* en anglais sur Wikipédia, et vous découvrirez qu'au 13ᵉ siècle, une religieuse a pris le nom de Humilitas (latin pour humilité) en entrant au couvent (au 18ᵉ siècle, le pape Clément XI l'a canonisée Sainte Humilité). À mon avis, c'est un nom très difficile à assumer, un peu comme le nom Adonis le serait pour un homme de nos jours.

On dit qu'Humilitas a passé 12 années dans sa cellule à prier en silence, alors peut-être a-t-elle réussi à vivre de manière conforme à son nom. Si j'arrivais à le faire, je l'annoncerais à tout le monde, et j'écrirais probablement un livre à ce sujet : Comment j'ai réussi à atteindre l'humilité parfaite. Voilà ce qui explique pourquoi je n'échangerais jamais le nom Hayes pour le nom Humilité. Nous associons le mot humilité à l'introspection, à la douceur, à une piètre estime de soi, à la gracieuseté ou à l'effacement de soi, mais toutes ces associations sont fautives. Nous devons adopter une définition biblique de ce concept si nous voulons le réveil, car le réveil exige l'humilité, comme nous le découvrons en étudiant la Parole de Dieu et l'histoire de l'Église.

LA DÉFINITION DE L'HUMILITÉ

Il faut tout d'abord comprendre que l'humilité, ce n'est pas le dénigrement de soi ou une piètre estime de soi. En tant que vertu, son synonyme le plus proche est la vérité. Être humble, c'est faire preuve d'une juste perception de soi-même en manifestant les attitudes suivantes :

- la soumission à Dieu et à l'autorité légitime ;
- la reconnaissance des vertus et des talents des autres, et surtout des personnes qui nous dépassent dans ces domaines, ainsi que l'attribution de l'honneur et de l'obéissance qui leur sont dues ;
- la reconnaissance des limites de nos talents, de nos capacités et de notre autorité, et le refus d'aller au-delà de ce qui nous a été donné.

Un manque d'estime de soi ou une abnégation de soi ne se qualifient pas d'humilité du fait qu'ils trouvent leurs racines dans une fausse évaluation de notre valeur : nous nous considérons comme inférieurs à ce que nous sommes vraiment. Tout comme l'orgueil, le dénigrement de soi se dresse comme obstacle à l'humilité. En fait, il s'agit d'une manifestation d'égocentrisme qui s'apparente à l'orgueil. Nous ne pouvons pas nous soumettre humblement à une personne si nous la considérons comme supérieure à nous-mêmes (puisque nous nous sentons alors contraints à lui obéir). Ce n'est que lorsque nous la percevons comme étant notre égale que nous pouvons choisir de nous soumettre à elle librement et sans contrainte, en toute humilité.

Pour expliquer ce concept, Howard Hendricks, professeur à Dallas Theological Seminary, raconte l'histoire d'un étudiant qui l'a rencontré pour lui demander de prier qu'il devienne rien. Le professeur a répondu : « Non, je ne prierai pas que tu deviennes rien. Tu n'as qu'à accueillir ce fait par la foi. Je prierai plutôt que tu crois que Dieu se servira de toi grâce à tout ce que tu es dans ton union avec Christ. »

Cette petite phrase du professeur Hendricks regorge de matière à réflexion. En fait, l'humilité se fonde sur ces faits entre autres :

> Je suis un être déchu et pécheur, mais néanmoins aimé et valorisé de Dieu.
>
> Je ne peux rien faire pour mériter l'approbation de Dieu : il me l'accorde par pure grâce du fait de mon union avec Christ.
>
> Dieu m'a pardonné tous mes péchés, m'a purifié et m'a adopté comme enfant.
>
> Dieu m'a donné certains dons, talents et capacités que j'utilise librement à son service.
>
> Je ne peux rien faire de moi-même. Pour accomplir la volonté de Dieu, j'ai besoin de puiser continuellement

dans les ressources qu'il me communique par son Esprit (sa puissance, sa sagesse, son amour, et ainsi de suite).

Je suis membre du corps de Christ ; je dois donc me fier aux capacités et aux talents des autres membres et les valoriser.

Bref, au sens biblique du terme, l'humilité consiste à se voir tel que Dieu nous voit en Christ.

Un autre petit détail concernant l'humilité : personne n'est humble de nature. Certaines personnes sont peut-être plus tranquilles, timides ou introverties, mais cela ne veut pas dire qu'elles sont humbles. L'humilité est une attitude de cœur et non un trait de personnalité. Bien que personne ne soit humble de nature, tous ceux qui croissent dans leur connaissance de Jésus-Christ vont manifester cette qualité de plus en plus. Jésus, qui est la Vérité, nous fait progresser dans la vérité. Donc, en marchant avec Christ, nous adoptons une vision de plus en plus juste de nous-mêmes, ce qui produit l'humilité à coup sûr.

L'HUMILITÉ ET LE RÉVEIL

Lorsqu'il y a un réveil ou un éveil, nous devenons conscients de la gloire et de la puissance de Dieu ainsi que de notre état de créatures dépendantes et subordonnées à notre Créateur. Nous reconnaissons comme jamais auparavant à quel point nous sommes indignes, tout en comprenant que Dieu nous rend dignes en Christ. Nous reconnaissons notre faiblesse, tout en comprenant qu'il est notre force. Tous nos manquements deviennent autant d'occasions de gouter à la grâce et à la miséricorde de Dieu. L'humilité biblique consiste à vivre selon le grand paradoxe de la vie chrétienne : ce n'est plus moi qui vis, mais Christ qui vit en moi.

Ayant compris notre besoin de réveil, nous courbons humblement la tête devant le Seigneur. Individuellement et en tant qu'Église, nous reconnaissons que nous ne pouvons rien faire pour produire le réveil, mais que Dieu peut nous l'envoyer.

Être humbles, c'est reconnaitre non seulement notre besoin de Dieu, mais aussi notre besoin des autres. Nous acceptons de nous soumettre les uns aux autres, en priant ensemble, en travaillant ensemble et en nous unissant ensemble pour voir les cœurs des étudiants s'enflammer pour Jésus sur nos campus, même si nous ne partageons pas toutes les mêmes convictions.

C'est en manifestant une telle humilité que les chrétiens de tous les âges sont devenus des canaux passionnés du Saint-Esprit qui ont attiré des milliers de personnes au pied de la croix et qui se sont rendus jusqu'aux extrémités de la terre pour exalter notre Dieu parmi les nations.

En Ésaïe 57.15, nous lisons une description de l'humilité qui produit le réveil :

> Or voici ce que déclare celui qui est plus haut que tout, dont la demeure est éternelle et dont le nom est unique : « Moi, l'unique vrai Dieu, j'habite là-haut, mais je suis avec les hommes qui se trouvent accablés et ont l'esprit d'humilité, pour rendre la vie aux humiliés, pour rendre la vie aux accablés. »

Notons ici que Dieu dit qu'il habite à deux endroits. Il demeure tout premièrement dans un lieu éternel et saint, unique. Il est élevé, exalté. Il est le Créateur, et nous ne sommes que de simples créatures. Nous nous prosternons devant lui, car lui seul est digne de notre confiance, de notre amour et de nos hommages. Nous le louons, car il se distingue de nous en raison de sa grandeur et de sa majesté infinies. Mais Dieu dit aussi qu'il habite avec les hommes accablés, contrits, à l'esprit humble. Il est près des humbles : il habite non seulement près d'eux, mais en eux. Il se rend pleinement présent à tous ceux qui reconnaissent leur besoin de lui.

Aussitôt que nous le reconnaissons comme élevé, majestueux et saint et que nous répondons à cette révélation en avouant humblement notre faiblesse et notre besoin de lui, il s'approche de nous pour être Emmanuel : Dieu parmi nous, Dieu avec nous, Dieu en nous. Il est plus proche de nous qu'aucun ami ou membre de la famille ne saurait l'être. Lorsque nous nous fions pleinement à lui, il devient, par sa présence puissante en nous, tout ce qu'il nous faut pour la vie et l'obéissance. Jésus, qui désire plus ardemment que quiconque que nous vivions le réveil, devient dès lors notre source quotidienne de réveil, quelle que soit notre situation. Dieu promet de rendre la vie aux accablés qui s'humilient de cette façon.

Le contraire est tout aussi vrai : Dieu ne ranime pas l'orgueilleux. Nous usurpons la place de Dieu pour nous retrouver sans puissance si nous disons en tant qu'étudiants chrétiens : « Avec une nouvelle stratégie, plus de travail, de meilleures ressources et plus d'argent, nous accomplirons la tâche. » Nous pouvons rester à genoux jusqu'à ce que ceux-ci fusionnent au plancher sans jamais voir le réveil si telle est l'attitude de notre cœur. Dieu n'envoie le réveil qu'à ceux qui disent : « Seigneur, nous ne pouvons pas le faire ; toi seul, tu peux le faire. »

UN EXEMPLE D'HUMILITÉ

J'ai passé beaucoup de temps à définir une vertu qui vaut mieux être manifestée que définie. Dieu a appelé beaucoup de ses humbles serviteurs à devenir canaux de réveil, mais peu d'entre eux ont encouragé la poursuite de l'humilité mieux que David Brainerd ne l'a fait. (Vous pensiez peut-être que j'allais vous parler de Sainte Humilité, mais, hélas, l'humilité s'éprouve et se manifeste en communauté, et non dans l'isolement.)

Je le trouve sympathique, ce David ! Saviez-vous qu'il a été expulsé de Yale au cours de sa troisième année à l'université du fait qu'il a osé dire qu'un de ses enseignants manifestait moins de grâce qu'une chaise ? (À moins que le mot « chaise » soit un euphémisme de l'époque, je trouve que son expulsion de l'établissement était une punition un peu excessive.)

Après ce départ abrupt, il a suivi une formation pour devenir pasteur, et en 1742 (à 24 ans), il a reçu sa licence de pasteur et a choisi de se dévouer à l'œuvre missionnaire auprès des autochtones des États-Unis. Il a passé presque tout le temps qu'il a consacré à ce ministère (environ 5 ans) auprès de la nation Delaware de la Pennsylvanie et du New Jersey.

Puisque l'humilité est une disposition du cœur, elle est difficile à dépister. Cependant, lorsque nous lisons le journal intime de Brainerd, préservé et ensuite publié par Jonathan Edwards, nous y entrevoyons l'âme de cet homme et découvrons les détails du réveil qu'il a déclenché. Dans les entrées écrites avant le réveil, nous trouvons une description frappante d'une âme qui s'humilie devant le Seigneur.

> Vendredi 1er avril 1743
> Je me suis rendu à cheval à Kaunaumeek, un village situé à une trentaine de kilomètres de Stockbridge. C'est là qu'habitent les Amérindiens que j'ai à cœur d'aider. Je me suis installé sur un tas de foin. J'ai passé la journée à ressentir de la détresse et des souffrances intérieures. Le soir venu, mon cœur était abattu… Si seulement Dieu venait à mon secours !

> Jeudi 7 avril
> J'ai l'impression d'être tellement ignorant, faible, impuissant, indigne… nullement à la hauteur du travail qui m'attend. Au crépuscule, j'ai pu prier par la foi et trouver en Dieu l'aide qu'il me fallait pour écrire. Si seulement Dieu me tenait continuellement tout près de lui !

> Vendredi 8 avril
> Je me sens accablé par l'orgueil, l'égoïsme, l'amertume et l'esprit de division que j'ai entretenus par le passé, alors que je cherchais à promouvoir la cause de Dieu. La nature vile de ces péchés et leurs conséquences néfastes me paraissent si

odieuses ! Cela me perce le cœur. À mes yeux, ces manquements de ma part sont une pierre d'achoppement responsable de la perdition éternelle de pauvres âmes.

Mercredi 13 avril
Mon cœur est accablé au-dedans de moi. Je me considère la créature la plus vile, impuissante, coupable, ignorante et malheureuse. Mais en même temps, je me rappelle tout ce que Dieu a fait pour moi.

Mardi 10 mai
Je me trouve dans le même état d'âme dont je souffre depuis quelque temps déjà ; ma culpabilité, ma contamination et mon aveuglement pèsent sur moi. Tant d'orgueil, d'égoïsme, d'hypocrisie, d'ignorance et d'amertume m'habitent ! Si peu d'amour, d'honnêteté, de douceur et de bonté ont agréé mes tentatives de promouvoir la religion et la vertu [...] Hélas ! Quel cœur divisé ai-je manifesté même dans mes meilleurs moments de service pour Dieu !

Mardi
Si seulement Dieu m'humiliait dans la poussière devant lui. Je mérite l'enfer chaque jour, tant mon amour pour le Seigneur laisse à désirer, alors que j'ai l'assurance qu'il m'a aimé et s'est donné pour moi. Chaque fois que Dieu me rend capable d'exercer une grâce quelconque, je me trouve de nouveau endetté envers le Dieu de toute grâce pour sa provision. Comment alors m'enorgueillir ? Il n'y a aucune place pour l'orgueil lorsque nous comprenons que nous vivons et agissons par sa grâce seule.

Jour du Seigneur
Je me sentais aride lorsque j'ai commencé à prêcher cet après-midi. Trente minutes après avoir commencé, j'avais l'impression de ne rien connaitre et de n'avoir rien à dire à ces pauvres autochtones ; quelques minutes plus tard, j'ai pu leur adresser la parole, car Dieu m'avait rempli d'amour, de compassion et de puissance.

Le réveil a pris de l'ampleur en juin 1745 pour atteindre son apogée remarquable en aout.

Vendredi 12 juin
À mon avis, Dieu ne m'a jamais autant aidé à prêcher avec précision et distinction ; néanmoins, j'étais si conscient de mes carences comme prédicateur que je ne saurais en tirer orgueil.

Le 22 juin
J'ai prêché aux autochtones de nouveau. Ils n'étaient que sept ou huit personnes au début, mais maintenant, ils sont une trentaine. Ils m'écoutaient attentivement [...] Certains constatent leur état de misère et de perdition et sont désireux d'en être délivrés.

Le 6 aout
Il y avait environ 55 personnes en tout. Elles avaient hâte de m'entendre prêcher, mais bien qu'elles paraissaient attentives à mes paroles, rien de remarquable ne s'est passé avant la fin de mon sermon. C'est alors que l'Esprit a agi pour convaincre l'auditoire de la vérité [...] Seulement trois ou quatre personnes pouvaient s'empêcher de pleurer ou de crier. Elles semblaient toutes désirer ardemment venir à Christ [...] Plus je les invitais à accueillir sa vie en elles, plus leur détresse

augmentait, parce qu'elles se sentaient incapables de le faire.

Le 7 aout
J'ai prêché aux autochtones à partir du texte en Ésaïe 53.3-10. Beaucoup d'entre eux ont exprimé leur détresse concernant l'état de leur âme. Certains ne pouvaient ni quitter la salle ni se lever ; ils ne pouvaient que rester prosternés sur le sol en criant leur besoin de miséricorde, comme si on leur avait percé le cœur. C'était remarquable ! Ils venaient de partout, et aussitôt qu'ils arrivaient, l'Esprit de Dieu les convainquait puissamment concernant l'état de leur âme.

Le 8 aout
Environ 65 personnes se sont présentées [...] La puissance de Dieu semblait descendre sur nous comme un puissant souffle de vent [...] Cela m'émerveillait de voir cette puissance se manifester presque partout dans l'auditoire. La meilleure façon de décrire la scène est de la comparer à la force irrésistible d'un torrent ou d'un déluge [...] Presque tout l'auditoire, du plus jeune au plus âgé, se courbait, conscient de son besoin. Rares étaient les personnes qui pouvaient résister à cette surprenante opération de l'Esprit.

Le 9 aout
En entendant les cris, les gens des alentours se sont approchés. J'ai continué à proclamer l'Évangile jusqu'à ce qu'ils commencent tous à pleurer et à crier, à l'exception de deux ou trois d'entre eux, tant ils désiraient venir à connaitre le grand Rédempteur. Presque tout le monde priait et criait en implorant le Seigneur par ces mots : « Guttummaukalummeh, Guttummaukalummeh », c'est-à-dire « Aie pitié de nous, aie pitié de nous[40]. »

Il continue de décrire les effets du réveil dans son journal jusqu'à son décès en 1747, lorsqu'il succombe à la tuberculose à l'âge de 29 ans. En fait, il a été malade pendant presque tout son ministère, ce qui ne faisait qu'accentuer son sentiment d'impuissance et son besoin de Dieu (le 8 septembre : j'ai craché le sang pendant presque tout le voyage ; le 10 septembre : La pluie et la chaleur de cette journée m'ont épuisé. J'ai craché beaucoup de sang[41]).

Lorsque nous lisons son journal, nous découvrons que sa maladie et sa grande sensibilité n'ont point facilité l'exercice d'un ministère pionnier comme le sien. De toute évidence, c'est son humilité qui l'a rendu capable d'exercer ce ministère et de participer à ce réveil.

LES FEMMES ET LE RÉVEIL

Il est difficile de trouver des gens qui exercent leur ministère plus humblement que David Brainerd l'a fait, à moins de tenir compte de ministères exercés par des femmes.

Nous trouvons très peu de mentions de femmes lorsque nous lisons l'histoire des réveils. Par exemple, lorsque nous recueillons de l'information au sujet du grand réveil de prière laïc du milieu du 19ᵉ siècle, nous entendons beaucoup parler de James McQuilkin et des 100 000 personnes qui ont confié leur vie à Christ en l'écoutant prêcher. Mais si nous retraçons la vie de James McQuilkin, nous découvrons qu'il était un joueur invétéré jusqu'au jour où il a invité Mᵐᵉ Colville (une missionnaire baptiste qui faisait du porte-à-porte) à entrer chez lui. Dans l'espoir de la distraire de l'Évangile, il lui a demandé si elle était calviniste. Elle a répondu : « Je n'ai aucun intérêt à discuter de tels points de doctrine secondaires. Je préfère parler du salut de l'âme. Si quelqu'un me dévoile l'état de son cœur devant Dieu, je crois pouvoir lui dire s'il connait Jésus-Christ comme Sauveur ou non. » C'est ainsi que McQuilkin, profondément convaincu de son péché, a permis à Mᵐᵉ Colville de partager l'Évangile avec lui[42]. Pas de Mᵐᵉ Colville, pas de prêcheur

75

James McQuilkin.

Nous entendons parler d'Andrew Murray fils, qui a aidé à répandre le réveil en Afrique du Sud. Mais nous entendons rarement parler de la personne qui a déclenché ce réveil : la jeune fille africaine qui s'est levée pour proposer un hymne et prier[43]. En fait, Murray, qui n'était pas alors dans la salle, s'y est précipité en entendant tout le bruit pour dire : « Je suis votre pasteur, envoyé par Dieu. Silence[44] ! » Ils l'ont ignoré (heureusement), et ont continué à prier. Nous ne connaissons même pas le nom de cette jeune fille, mais c'est son cantique qui a déclenché le réveil.

Il en va de même pour le réveil mondial de 1904 à 1907. Nous entendons une version abrégée des faits qui relate comment Evan Roberts a déclenché le réveil au pays de Galles. Nous entendons rarement la version plus complète, qui relate comment la jeune femme (Florrie Evans) a déclenché un réveil des mois plus tôt en se levant pour déclarer qu'elle aimait Jésus de tout son cœur[45].

Une force puissante pour l'expansion du réveil mondial en Inde était la prière incessante de Pandita Ramabai, qui dirigeait un foyer pour veuves, orphelins et victimes de guerre à Mukti. C'est là que le réveil a éclaté en premier[46].

Nous pouvons allonger la liste indéfiniment en y ajoutant les effets de la prière et de l'instruction religieuse de mères pieuses, comme Susanne Wesley (la mère de John Wesley). Mais nous aurions tort de dire que c'est l'histoire qui les a humiliées (même s'il est vrai que les historiens de l'époque ne font que très peu mention d'elles). Elles ont plutôt choisi de servir humblement et sans fanfare, par amour pour Christ.

Si nous cherchons les plus grands exemples de l'humilité manifestée au cours des réveils, nous devons étudier et admirer le rôle que les femmes y ont joué. Elles n'ont recherché ni renommée, ni titre, ni poste d'influence. Elles étaient de véritables servantes, et donc, selon Christ, elles comptent parmi les plus grands du Royaume.

S'HUMILIER

L'humilité est une vertu qui se développe avec le temps lorsque nous marchons avec Christ. En grandissant dans notre connaissance de Dieu, en passant par des épreuves, en apprenant l'obéissance, en péchant pour ensuite être restaurés dans notre communion avec Dieu, en devenant plus mûrs et sages, nous découvrons de plus en plus notre vraie identité.

Mais il existe des moyens de faciliter cette croissance spirituelle. Certaines pratiques nous aident à nous humilier devant Dieu.

Le jeûne

Le jeûne est une discipline spirituelle qui promeut l'humilité. Le fondateur de Campus Crusade for Christ, Bill Bright, a dévoué beaucoup de temps au jeûne et à la prière pendant ses dernières années sur cette terre. Il a dit ceci concernant cette discipline spirituelle :

> D'âge en âge, les chrétiens qui ont accompli de grandes choses pour Dieu ont témoigné de la nécessité de la prière et du jeûne. Un véritable panthéon de grands dirigeants chrétiens a pratiqué le jeûne et la prière : Martin Luther, Jean Calvin, John Knox, Jonathan Edwards, Matthew Henry, Charles Finney, Andrew Murray, Martyn Lloyd-Jones, et tant d'autres. Le jeûne humilie notre âme, ouvrant ainsi la voie au Saint-Esprit, qui vient alors nous ranimer[47].

Pour Bill Bright, ce n'était pas que de la théorie. Il a participé à plusieurs jeûnes de quarante jours pendant lesquels il s'est humilié et a prié pour le réveil, et il a invité d'autres dirigeants et d'autres ministères à se joindre à lui.

Le jeûne nous aide à dépendre de Dieu. La faim, qui se manifeste d'habitude toutes les quatre ou cinq heures (ou dans mon cas, toutes les deux ou trois heures), commence à se manifester toutes les quatre ou cinq minutes lorsque nous jeunons. Ces signaux nous encouragent à nous tourner continuellement vers Dieu. Tout au long de la journée, nous puisons en lui la puissance, l'endurance, la maitrise de soi et la sagesse qu'il nous faut.

Lorsque nous jeunons, nous devenons faibles, et du même coup, plus humbles, plus conscients de notre petitesse, de notre finitude, de notre impuissance — alors que boire du café nous donne l'impression d'être énergiques, compétents et intelligents.

Le jeûne est aussi un appel à l'aide, un signal d'alarme que notre âme envoie pour une raison ou une cause précise. Lorsque nous sommes en détresse et que nous ressentons un besoin désespéré de Dieu, nous jeunons. Mais attention ! Nous ne jeunons pas pour forcer la main de Dieu ou pour l'inciter à mieux nous aimer, un peu à la manière de ces enfants qui retiennent leur souffle jusqu'à ce qu'ils obtiennent ce qu'ils veulent. Jeuner, c'est plutôt se détourner de toute forme de manipulation, de plainte et de péché pour nous tourner de tout cœur vers Dieu en cherchant sa volonté. Bref, le jeûne nous apprend à nous humilier devant Dieu.

À nu devant Dieu

On a demandé au grand réformateur, Martin Luther, de décrire les circonstances de sa conversion. Il a répondu qu'il a confié sa vie à Jésus alors qu'il était à la toilette. Luther n'était pas pudique ; il se peut fort bien que ce soit vrai (merci pour cette image, Martin). Mais la plupart des experts dans le domaine nous disent qu'il utilisait une métaphore pour l'humilité qui était très courante au Moyen Âge : « s'assoir sur la toilette. » À bien y penser, c'est une bonne métaphore. Si jamais il y a un temps et lieu où nous sommes tout à fait humiliés, c'est bien sur la toilette : pas de prétentions, pas de façades, pas d'orgueil. La toilette nous met tous au même rang ; là, nous sommes tels que nous sommes vraiment.

Régulièrement, et certainement en préparation au réveil, nous devons nous rendre « aux toilettes » pour nous mettre à nu devant le Seigneur. Je ne parle pas ici seulement de confesser nos péchés, mais aussi d'avouer nos faiblesses, nos motivations impures, nos craintes, nos insécurités, nos pensées arrogantes, notre tendance à nous comparer aux autres et nos pires fantaisies. Nous mettons tout le tas devant Dieu en disant : « Me voici, tel que je suis. »

Retirez-vous à l'écart pendant une heure ou deux pour vous dévoiler pleinement devant Dieu, pour ensuite le remercier pour l'amour et la miséricorde qu'il vous manifeste en Christ et pour l'accueil assuré qu'il vous offre, malgré tout. Immergez-vous dans sa grâce parfaite, sachant qu'il peut accomplir des merveilles.

Faisons de cet examen de conscience une pratique régulière, et non un évènement rare. Continuons à marcher humblement avec Dieu.

La confession publique

Comme nous aborderons le sujet de la confession au prochain chapitre, je n'en parlerai que très brièvement ici. D'habitude, la confession publique est l'étincelle qui allume la flamme du réveil. C'est facile de comprendre pourquoi : la confession nous libère de notre péché tout en exigeant une humilité profonde de la part de tous ceux qui se reconnaissent pécheurs publiquement. Lorsque nous nous confessons publiquement, nous nous humilions, nous nous confessons et nous nous repentons d'un seul coup.

Dieu nous rend humbles

Le groupe Alcooliques Anonymes dit ceci : « Si tu ne t'humilies pas, quelqu'un le fera pour toi. » Nous n'avons pas à inventer des façons de nous humilier nous-mêmes. Dans son amour paternel pour nous, Dieu organise les circonstances de notre vie pour nous transformer en enfants humbles. Accueillons donc toute situation pénible comme venant de sa main, sans chercher à la fuir ou à nier ce qu'elle nous révèle à notre sujet.

En 1873, un évangéliste populaire aux États-Unis, D.L. Moody, s'est rendu en Grande-Bretagne pour une tournée évangélique de trois ans. Un soir, à la fin d'un discours qu'il a prononcé devant les étudiants de l'université de Cambridge, sept jeunes hommes confient leur vie à Jésus et s'engagent à devenir missionnaires. Ces hommes, connus plus tard sous le nom « Cambridge Seven », deviennent missionnaires pionniers en Chine et des porte-paroles célèbres et influents qui propulsent les étudiants des États-Unis et d'ailleurs dans la mission.

Le discours de D.L. Moody à Cambridge est un moment décisif dans l'histoire des missions chrétiennes. Mais ce que beaucoup de personnes ignorent, c'est que D.L. Moody n'a fréquenté l'école que pendant sept ans. Il ne se sentait pas du tout en mesure de parler devant les étudiants de cette université. Ses pires craintes se sont réalisées : beaucoup d'étudiants l'ont ridiculisé du fait qu'ils le trouvaient ignorant[48]. Je doute que ce soit par hasard que la puissance de Dieu se soit manifestée alors que Moody se sentait humilié. Il s'agit plutôt d'un exemple frappant du principe décrit en 2 Corinthiens 12.10 : « C'est pourquoi je me réjouis des faiblesses, des insultes, des détresses, des persécutions et des angoisses que j'endure pour le Christ ; car lorsque je suis faible, c'est alors que je suis fort. »

Mais nous n'avons pas à retourner loin dans le passé pour trouver des exemples d'hommes humbles revêtus de la puissance de Dieu. Nous trouvons au 20e siècle un homme qui s'est humilié devant le Seigneur pour devenir déclencheur de réveil par la suite.

BILLY GRAHAM

Billy Graham a prêché l'Évangile à plus de personnes que tout autre homme dans l'histoire de l'humanité. On pourrait penser que cela n'encouragerait pas l'humilité. Pourtant, Billy Graham a fait preuve de piété, de sainteté et d'intégrité tout au long de ses 50 années de ministère, même lorsqu'il se trouvait être la cible d'attaques ou de défections. Bien qu'il ait reçu de nombreux honneurs et de nombreuses offres d'emploi plus rémunératrices, il a persisté à accomplir la tâche que Dieu lui a confiée : gagner des hommes et des femmes à Christ jusqu'au retour du Seigneur.

Un incident en particulier offre une belle illustration de la nature et des effets de l'humilité. En 1945, Billy Graham avait presque 30 ans ; il était à la fois évangéliste et président du collège Northwestern, à Minneapolis. Il n'était pas encore connu à l'échelle nationale et ne semblait nullement destiné à devenir célèbre au-delà des bornes de la sous-culture fondamentaliste.

À la même époque, un célèbre évangéliste canadien, le jeune Charles Templeton, commençait à douter sérieusement de la fiabilité des Écritures. Il avait entrepris des études supérieures dans l'espoir de surmonter ses doutes, mais cela avait eu l'effet contraire. Il parlait souvent de ce sujet avec Billy Graham, le mettant au défi et lui suggérant de changer son opinion de la Bible.

En 1949, au centre de congrès Forest Home en Californie du Sud, Billy a découvert que Charles Templeton disait de lui qu'il n'accomplirait jamais de grandes choses pour Dieu, s'il persistait à croire à la fiabilité de la Bible et à la prêcher. Cela l'a profondément affligé. Dans son autobiographie, Billy Graham a décrit ainsi la lutte avec Dieu qui s'ensuit :

> Dans ma chambre, un soir, je pris la Bible et cherchai tous les versets dont je me souvenais qui disaient « Ainsi parle l'Éternel ». Je me souvenais d'avoir entendu quelqu'un qui disait que les prophètes avaient utilisé la tirade « Parole de l'Éternel », ou des paroles semblables, plus de deux-mille fois. Je n'avais aucun doute concernant la divinité de Jésus-Christ ou la validité de l'Évangile, mais est-ce que la Bible était complètement vraie ? Si je n'étais pas tout à fait affecté par le doute, j'étais certainement perturbé.

Je réfléchis alors sur l'attitude de Christ face aux Écritures. Il aimait ces écrits sacrés et les citait constamment, et pas une fois il n'a intimé qu'elles puissent être erronées. En fait, il confirmait même certaines histoires de l'Ancien Testament qui étaient les plus difficiles à croire, comme celles de Noé ou de Jonas. Tout comme le psalmiste, il faisait de la Loi de l'Éternel et des Écritures ses délices.

Alors que la nuit se levait, mon cœur fut pris d'un lourd fardeau. Pouvais-je avoir confiance en la Bible ?

[…] Je me levai et sortis pour une promenade […] Il m'est impossible de me rappeler exactement les termes de ma prière, mais il est certain qu'elle se faisait l'écho de mes pensées : « Ô Dieu ! Il y a tant de choses dans ce livre que je ne comprends pas. Il y a tellement de problèmes pour lesquels je n'ai pas de solution […] Je n'ai pas de réponse pour les questions philosophiques et psychologiques que soulèvent Chuck et les autres. »

J'essayais de me mettre en règle avec Dieu, mais quelque chose restait à dire. Finalement, le Saint-Esprit me libéra pour que je l'exprime. « Père, je vais accepter cela comme ta Parole, par la foi ! Je vais permettre à la foi de surpasser mes questions et mes doutes intellectuels, et je vais croire que cela est ta Parole inspirée. »

Lorsque je me relevai, ce soir d'aout, mes yeux me piquaient sous l'effet des larmes. Je sentais la présence et la puissance de Dieu comme je ne l'avais pas sentie depuis des mois. Mes interrogations n'avaient pas toutes eu de réponses, mais un pont essentiel venait d'être franchi. Au fond de mon cœur et de mon esprit, je savais qu'une bataille spirituelle pour mon âme s'était déroulée victorieusement[49].

Qu'avait-il fait ? Il avait humblement placé ses doutes et ses questions entre les mains de son Créateur. Il avait humblement avoué qu'il ne possédait pas toutes les réponses, mais qu'il allait tout de même se fier à Dieu. Nous ne pouvons attribuer ce qui s'est passé par la suite qu'à Dieu, qui ranime le cœur des contrits.

Deux mois plus tard, Billy Graham a lancé une campagne d'évangélisation sous un chapiteau à Los Angeles, campagne qui a dépassé toutes ses attentes. Le comité organisateur, en voyant des milliers de personnes se convertir et plusieurs chrétiens ranimés dans leur foi, a décidé d'étendre la campagne de trois semaines à huit. Jamais on n'avait vu une telle assistance ou un aussi grand nombre de conversions lors d'une réunion chrétienne ! Plusieurs vedettes d'Hollywood et même des membres de gangs criminelles se sont convertis. Beaucoup ont même témoigné publiquement du changement qui s'était opéré en eux.

La dernière réunion a attiré environ 9000 personnes. C'était de loin la plus grande croisade d'évangélisation en Amérique depuis plus de 30 ans !

Billy Graham était largement inconnu du public américain avant cet évènement. Mais maintenant, Time et Newsweek publiaient des articles concernant ce nouvel évangéliste. L'Associated Press a transmis des dépêches qui ont fait le tour du monde. William Randolph Hearst, propriétaire d'un vaste réseau de journaux, a dit à ses journalistes de faire du tapage avec Graham. Les journalistes écrivaient au sujet de l'œuvre de Dieu, chose qu'on ne faisait pas depuis des années.

Pourquoi est-ce arrivé ? Serait-ce parce que cet homme, William Franklin Graham fils, a choisi de s'humilier devant Dieu au risque d'échouer, d'avoir l'air ridicule et de se trouver l'objet de pitié de ses pairs ? Il a tout abandonné entre les mains du Seigneur de l'univers, ses doutes inclus. Il s'est fié à Dieu, qui « est avec les hommes qui se trouvent accablés et ont l'esprit d'humilité, pour rendre la vie aux humiliés, pour rendre la vie aux accablés » (Ésaïe 57.15).

La vie de Graham témoigne du fruit de l'humilité. Est-ce possible d'influencer profondément votre campus ? Vous et vos amis, pouvez-vous tout abandonner entre les mains de Dieu — vos droits, vos possessions, votre avenir, et peut-être même vos doutes ? Pouvez-vous vous prosterner ainsi devant le Dieu de l'univers ?

Prenez le risque. Avouez que vous êtes faibles, mais qu'il est fort ; que vous êtes incapables de faire quoi que ce soit, mais qu'il peut tout faire — qu'il peut produire une explosion spirituelle sur votre campus qui déclenchera un mouvement qui persistera pendant des décennies.

C'est merveilleux de ressentir ainsi notre besoin de Dieu. Nous n'avons pas besoin de connaitre toutes les réponses à nos questions. En fait, nos craintes, nos doutes et nos questions peuvent être bénéfiques. Joe Brown, pasteur principal de l'église Hickory Grove Baptist, à Charlotte, en Caroline du Nord, a dit : « Jamais dans les Écritures ne voyons-nous Jésus condamner une personne du fait qu'elle pose trop de questions. Mais nous le voyons condamner celles qui pensent détenir toutes les réponses[50]. »

Jésus ne condamne pas les gens pour la petitesse de leur foi ; il les condamne plutôt du fait qu'ils n'exercent pas le peu de foi qu'ils possèdent.

Si vous avez des questions auxquelles vous ne détenez pas encore de réponses, prenez quelques minutes pour méditer Ésaïe 57.15 en réfléchissant à ce que ce verset signifie pour vous et pour votre campus :

> *Or voici ce que déclare*
>
> *celui qui est plus haut que tout,*
>
> *dont la demeure est éternelle*
>
> *et dont le nom est unique :*
>
> *« Moi, l'unique vrai Dieu, j'habite là-haut,*
>
> *mais je suis avec les hommes*
>
> *qui se trouvent accablés*
>
> *et ont l'esprit d'humilité,*

pour rendre la vie aux humiliés,

pour rendre la vie aux accablés. »

Dites à Dieu que vous êtes prêt à tout lui confier, peu importe ce que les autres penseront de vous : votre vie, votre avenir, vos études, vos finances, votre ministère, vos doutes et vos craintes. Demandez-lui de vous ranimer selon sa promesse. Ensuite, attendez-vous au miracle !

CONFESSION ET REPENTANCE

Le réveil inclut toujours la conviction du péché. Les personnes qui se sont éloignées du Seigneur ne peuvent le servir avant de passer par un examen de conscience profond. Le péché doit être déraciné de leur cœur. Dans un réveil authentique, les chrétiens sont profondément convaincus de leur péché. Ils deviennent conscients de toute son ampleur, à un tel point qu'ils peuvent même abandonner l'espoir d'être accueillis par Dieu. Les gens ne sombrent pas toujours jusqu'à ce point-là, mais dans un véritable réveil, il y a toujours la conviction profonde du péché [51].

Charles G. Finney

Le troisième prérequis pour le réveil est la confession et la repentance. Dans 2 Chroniques 7.13-14, notre texte directeur, nous lisons : « Si alors mon peuple, le peuple à qui j'ai donné mon nom, s'humilie et prie, si les Israélites me recherchent en renonçant à leur mauvaise conduite, moi, dans le ciel, je serai attentif, je pardonnerai leur péché et je rétablirai la prospérité de leur pays. » Nous allons nous adresser à cette condition cruciale — rechercher Dieu en renonçant à notre mauvaise conduite. L'éveil naît et meurt dépendant de cette condition. Si nous ne nous détournons pas du péché pour retourner de tout cœur vers Dieu, nos prières pour le réveil demeureront sans effet.

La plupart de nos exemples de réveils viennent de livres poussiéreux, mais cet exemple décrit ce que Dieu a fait il y a quelques années. Cela nous rappelle que Dieu peut envoyer un réveil de nos jours, tout comme par le passé. Voici le récit du réveil de 1995 au collège Wheaton. La confession et la repentance y figurent largement.

Le 19 mars 1995, un dimanche soir, deux étudiants de l'université Howard Payne, de Brownwood (Texas), ont prêché pendant une réunion de louange animée par les étudiants de Wheaton.

Selon Tim Beougher, professeur à Wheaton, ces deux étudiants ont partagé ce que Dieu avait fait en eux pendant des réveils récents sur leur campus et ailleurs. Après leur partage, il n'y a eu aucune forme de manipulation ou d'exhortation. Selon le professeur, « ils n'ont pas cherché à provoquer d'aucune manière une répétition de ce qui s'était passé à Howard Payne. »

Mais, après ce temps de partage, certains étudiants se sont avancés vers les micros pour confesser leurs péchés. Selon Beougher, « La confession était profonde et pénible. Dieu travaillait dans leurs cœurs pour les convaincre de leurs fautes. »

La réunion avait commencé à 19 h 30 le dimanche. Elle ne s'est terminée qu'à 6 h le lundi.

D'habitude, environ 400 étudiants assistaient à ce service. Mais ce soir-là, il y en avait 700. Il est difficile d'estimer combien d'étudiants étaient présents parce que plusieurs de ceux qui y étaient sont allés chercher leurs colocataires et leurs amis.

Ce qu'il y avait de merveilleux dans tout cela, c'est que chaque fois qu'une personne confessait son péché, de 20 à 50 étudiants l'entouraient pour prier pour elle. « Une ambiance d'amour et de grâce régnait », nous dit le professeur. « Personne ne pouvait pointer une autre du doigt, parce que tout le monde se trouvait à nu devant le trône de Dieu. »

Lorsque les étudiants ont quitté la réunion à 6 h, ils se sont donné rendez-vous pour le lundi soir. Vers 21 h 30, le 20 mars, ils ont commencé la réunion, et cette fois-ci, il y avait plus de mille étudiants dans la chapelle. Toutes les chaises étaient prises, et des étudiants longeaient les murs en rangs larges de deux ou trois personnes.

La réunion a commencé par un temps de louange et d'adoration, suivi d'un temps de confession profonde.

On a invité les étudiants à répudier tout obstacle présent ou futur à leur marche avec Dieu. Plusieurs se sont rendus à leur chambre pour revenir avec de la pornographie, des CD de musique, de l'alcool, des cartes de crédit, ou d'autres items dont ils voulaient se débarrasser. Une étudiante est revenue avec une rose comme symbole d'une relation malsaine. La réunion a continué jusqu'à 2 h du matin.

La nuit d'après, environ 1300 étudiants se sont réunis dans le sanctuaire du collège, qui comptait 1500 sièges. Après un temps de louange, il y a eu de nouveau un temps de confession [...]

Le jeudi, c'était le temps de célébrer. Les quelque 1500 étudiants présents ont participé à un temps de louange et d'adoration qui a secoué l'édifice. « C'était glorieux... un avant-gout du ciel », selon le professeur[52].

Le péché est la source de tous nos maux. La chute d'Adam et Ève a entrainé la race humaine entière dans un gouffre profond. Nous avons besoin de rédemption. Jésus a pris sur lui tous nos péchés pour nous en libérer. Il est venu nous restaurer et nous réconcilier avec Dieu.

LE PÉCHÉ, UN OBSTACLE

Le péché se dresse comme obstacle continuel à la volonté de Dieu et à la manifestation de sa puissance. En fait, le péché est plus qu'un obstacle. Comme un éléphant assis sur un boyau, il coupe complètement le flot d'eau vive. Il rend le chrétien infructueux et impuissant et l'empêche de jouir des bonnes intentions de Dieu à son égard. Ce destructeur dévastateur dérobe le chrétien de tout le bien qui aurait accompagné l'obéissance (Jean 10.10).

Bien que le péché se manifeste de toutes sortes de façons, ce sont toujours les mêmes péchés qui reviennent au fil des siècles. J. Edwin Orr décrit ainsi le climat spirituel qui existait sur les campus en 1790, juste avant le Deuxième Grand Éveil :

> En 1790, les États-Unis avaient gagné leur indépendance, mais non sans y perdre quelque chose. Après la révolution américaine, sous l'influence de l'athéisme et du déisme en Europe, la société américaine, en pleine perturbation, voyait son climat moral et spirituel se dégrader de plus en plus. L'alcoolisme était très répandu ; on prononçait partout les obscénités les plus viles ; chaque jour, on entendait parler de vols de banque ; et pour la première fois dans l'histoire du pays, les femmes hésitaient à sortir le soir par crainte d'agression. Sur les campus, les conditions n'étaient guère meilleures. Un sondage mené à Harvard a révélé qu'il n'y avait aucun étudiant chrétien. À Princeton, un sondage similaire a révélé la présence de deux chrétiens sur le campus. On dit qu'un jour, lorsque le président du collège a ouvert la Bible de la chapelle pour la lire, un paquet de cartes en est tombé. Quelqu'un avait coupé un rectangle de chaque page pour y insérer le paquet. Les conditions sur le campus s'étaient détériorées au point où seulement cinq des étudiants refusaient de participer au mouvement de « paroles obscènes » de l'époque. Alors que les étudiants à Princeton devenaient experts dans le domaine des paroles grossières, les étudiants au collège Williams ont cru bon

de se moquer du repas du Seigneur, tandis qu'à Dartmouth, les étudiants ont organisé une pièce de théâtre qui critiquait l'Église. Au New Jersey, le chef radical des étudiants déistes a dirigé une émeute qui a volé une Bible d'une église presbytérienne pour ensuite la jeter au feu publiquement. Les quelques chrétiens sur les campus se sentaient tellement intimidés qu'ils se rencontraient en secret. Ils utilisaient des codes secrets pour écrire les rapports de leurs réunions pour que personne ne puisse découvrir les détails de leurs rencontres clandestines[53].

Parfois, nous pensons que le réveil ne peut pas arriver de nos jours parce que la situation d'aujourd'hui est pire que jamais, mais c'est loin d'être le cas. Éliminons toute trace de technologie moderne, et nous trouverons très peu de différence entre la situation d'aujourd'hui et celle des années 1790. Comme Salomon le dit : « Ce qui est arrivé arrivera encore. Ce qui a été fait se fera encore. Rien de nouveau ne se produit ici-bas » (Ecclésiaste 1.9).

Sans réveil, sans l'intervention surnaturelle de Dieu, le péché, comme un trou noir, éteint toute lumière et attire tout campus dans un tourbillon de rébellion qui ressemble plus ou moins à celui du 18e siècle — ou du 8e siècle.

En tant que chrétiens, nous pouvons facilement déplorer les « gros péchés » que les étudiants commettent sur nos campus, en nous pensant innocents et à l'abri de telles fautes et en nous disant que jamais nous ne ferions de choses pareilles. Mais nous avons besoin de comprendre qu'aux yeux de Dieu, nous sommes tous pécheurs, et que nous sommes tous privés de la gloire de Dieu (Romains 3.23). Le péché ne se limite pas aux actes flagrants ; il comprend tout autant les attitudes néfastes que nous tolérons si facilement en tant que chrétiens.

L'endurcissement du cœur, l'apathie, la critique, la médisance, l'amertume, l'orgueil, les pensées impures, la jalousie, le cynisme, l'absence de communion avec Dieu et la recherche de l'approbation des hommes plutôt que celle de Dieu sont des péchés tout aussi graves et difficiles à surmonter que les « gros péchés ». La liste de ces « péchés chrétiens » peut s'allonger à l'infini pour inclure les compromis, le mensonge, le vol, le matérialisme, la colère déréglée, un manque de compassion, un manque de générosité, un manque de respect envers ses parents ou envers les autorités mises en place par Dieu et l'indifférence envers Dieu. Nous pourrions aussi y ajouter le racisme, les paroles grossières, le manque de politesse, la paresse, l'égoïsme et les autres troubles de la conscience. Toutes ces choses se qualifient de péchés ; elles nous empêchent de vivre selon la puissance de Dieu et polluent notre âme.

Avant que Dieu puisse envoyer un réveil, il doit purifier et fortifier ceux d'entre nous qui prient humblement de tout leur cœur pour le réveil. C'est pour cela qu'un temps de confession et de repentance précède toujours le réveil, comme nous le révèle cette description du réveil des Hébrides en Écosse entre 1949 et 1952, écrite par J. Oswald Sanders :

> Vers 1950, l'Esprit de Dieu a agi puissamment parmi les Hébrides. Cet éveil n'est pas arrivé par hasard. Pendant plusieurs mois, des hommes se sont rencontrés trois soirs par semaine pour prier pendant des heures. Les semaines s'écoulaient et rien ne se passait. Mais voilà qu'une nuit, vers 2 h du matin, un de ces hommes a lu les versets 3 à 5 du Psaume 24 : « Qui sera admis à gravir la montagne du Seigneur, son saint temple ? Ceux qui ont gardé mains nettes et cœur pur, qui ne sont pas attirés vers le mensonge et n'ont pas fait de faux serments. Ils recevront la bénédiction du Seigneur et l'approbation de leur Dieu, le Sauveur. »
>
> Ce jeune homme a fermé sa Bible, s'est tourné vers ses compagnons agenouillés devant Dieu et leur a dit : « Frères, nous perdons notre temps à attendre ainsi nuit après nuit, mois

après mois, sans nous mettre nous-mêmes en règle avec Dieu. Je dois me demander si j'ai le cœur pur et les mains propres ». À ce moment même, quelque chose s'est produit. Dieu s'est manifesté de façon merveilleuse, et sept anciens ont compris pour la première fois que le réveil et la sainteté vont de pair [...] Dieu a sondé leurs cœurs pour leur révéler des choses jusqu'alors insoupçonnées à leur sujet, choses que le sang de Jésus guérit et purifie [...] Ces hommes ont passé du domaine naturel au surnaturel. Ils savaient que le réveil avait commencé[54].

Dans Proverbes 28.13, nous lisons : « Rien ne réussit à celui qui cache ses fautes, mais celui qui les avoue et y renonce est pardonné. » Ce verset nous avertit de ne pas cacher nos fautes. Nous jouons aux hypocrites lorsque nous agissons ainsi, et cela mène au désastre. Dieu nous appelle plutôt à avouer nos fautes et à y renoncer. Les mots religieux comme « repentance » ne communiquent qu'une impression vague et floue. Nous devons donc chercher à mieux comprendre les termes confession et repentance.

LA CONFESSION : SE METTRE D'ACCORD AVEC DIEU

Le sens premier du mot confession est « se mettre d'accord » ou « dire la même chose ». Dans le sens biblique du terme, confesser c'est nous mettre d'accord avec Dieu concernant nos péchés. Cela veut dire tout premièrement que nous avouions clairement notre péché plutôt que d'offrir des excuses (minimiser notre faute), de nous justifier (affirmer que nous n'avons rien fait de mal), de renier les faits (faire semblant que nous n'avons pas commis de crime) ou de blâmer les autres (les tenir responsables de nos actes).

Deuxièmement, confesser c'est nous mettre d'accord avec Dieu concernant la solution au péché, en reconnaissant que Christ est mort pour nos péchés et qu'il nous a pardonné pleinement à la croix. Christ est mort pour tous nos péchés, même ceux que nous commettrons dans l'avenir. Confesser, ce n'est pas vivre dans la culpabilité, nous rabaisser ou nous haïr nous-mêmes (qui sont différents moyens par lesquels nous cherchons à payer la pénalité de nos péchés en nous imposant des souffrances). C'est plutôt reconnaitre par la foi que Christ a payé notre dette en entier.

Confesser c'est nous fier à Dieu et à sa Parole, et surtout à sa promesse de pardon et de purification. Dans 1 Jean 1.9, nous lisons : « Mais si nous confessons nos péchés, nous pouvons avoir confiance en Dieu, car il est juste : il pardonnera nos péchés et nous purifiera de tout mal. » C'est une promesse de Dieu concernant tout péché confessé, une parole vraie et digne de confiance. Pour en faire l'expérience, nous devons choisir de nous fier à Dieu et à sa Parole. Ce n'est que lorsque nous l'accueillons comme véridique que cette promesse nous console et nous rassure.

Confesser, c'est avouer chaque péché précis à Dieu en reconnaissant nos torts et en le remerciant pour le pardon qu'il nous accorde grâce à la mort de Jésus. Nous ne cherchons pas à cacher notre péché. Nous laissons Dieu l'éclairer à la lumière de sa Parole.

Permettez que je vous en offre un exemple. Cet évènement a eu lieu alors que le mouvement étudiant radical des années 1970 battait son plein. C'est un réveil spirituel qui démontre les effets puissants de la confession, du fait qu'un culte de 50 minutes s'est étendu sur 185 heures, sans arrêt.

> Tout a commencé lorsque quelques étudiants ont commencé à se réunir pour prier pour un éveil spirituel. Le 3 février, à 10 h, les étudiants du collège Asbury se sont rendus au culte matinal du collège, comme d'habitude. Ce matin-là, le président du collège n'a pas prêché. Il a plutôt demandé aux étudiants de partager ce qui se passait dans leur vie, chose qu'il faisait de temps à autre.
>
> Les étudiants qui se sont avancés ont partagé avec une ferveur inhabituelle de quelles façons Dieu transformait leur

vie. Un étudiant de quatrième année a dit ceci : « J'ai de la peine à croire que je me tiens devant vous pour vous dire ce que Dieu a fait pour moi. J'ai gaspillé mon temps jusqu'à présent comme étudiant, mais je viens de rencontrer Jésus, et je suis une nouvelle personne. Hier soir, le Saint-Esprit m'a rempli, et pour la première fois de ma vie, le fait d'être chrétien m'épate. » La cloche a sonné pour annoncer le retour aux classes, mais personne n'y a prêté attention.

Les étudiants ont confessé des péchés tels que le vol, la fraude, l'amertume et l'utilisation de drogues. Le rédacteur du journal du collège n'avait pas participé au culte, mais lorsqu'il a appris ce qui se passait, il s'est caché dans un coin de la salle. À la longue, le Saint-Esprit l'a touché : « Je savais que j'étais hypocrite [...] J'étais un jeune homme solitaire et malade, mais j'ai tout de même refusé d'agir pendant deux heures [...] Le moment critique est venu : je devais renoncer à mon autosuffisance pour reconnaitre mon besoin pressant de Jésus-Christ. J'ai prié devant l'autel pendant une heure et demie ; Dieu me revitalisait spirituellement[55]. »

Parfois, nous avons besoin de confesser notre péché publiquement (comme c'était le cas pour le rédacteur du journal). Ce qui rend la confession publique si puissante, c'est le fait qu'elle est la combinaison de deux conditions du réveil (l'humilité et la confession). La confession publique exige l'humilité comme peu d'autres choses le font (bien qu'aujourd'hui, nous puissions aller plus loin et tout afficher en ligne).

Mais parfois, il vaut mieux ne confesser son péché qu'à Dieu. Selon J. Edwin Orr, lorsque nous nous confessons publiquement, nous devrions seulement en dire assez pour que des gens qui marchent avec Dieu puissent prier pour nous. Il est dangereux de confesser des péchés secrets en public[56]. Nous ne voulons pas nous libérer du poids de notre péché aux dépens de sœurs ou de frères faibles dans la foi qui pourraient être blessés ou tentés si nous dévoilions nos péchés devant eux de façon trop détaillée ou précise. Le réveil n'est pas une invitation à manquer de discrétion ou de sagesse. Notre nature pécheresse prend plaisir à entendre parler des péchés des autres ; il vaut mieux éviter de nourrir ce désir malsain.

LA REPENTANCE : UNE PENSÉE RENOUVELÉE

La confession et la repentance sont deux choses différentes, bien que nous ayons tendance à les confondre. Se repentir, ce n'est pas simplement regretter son péché, même si la tristesse peut nous pousser à la repentance. Selon Proverbes 28.13, « rien ne réussit à celui qui cache ses fautes, mais celui qui les avoue et y renonce est pardonné ».

Le mot grec pour repentance est metanoia, ce qui signifie un changement ou une transformation (métamorphose) de la pensée. Il s'agit d'un changement de direction ou d'action. Se repentir, c'est renoncer au péché. En théorie, il est possible d'avouer son péché et même de le regretter amèrement sans y renoncer. Je suis coupable d'avoir fait cela, et je sais donc qu'il ne s'agit pas simplement d'une possibilité théorique. Lorsque les personnes se repentent de leur péché, ils ne peuvent pas continuer à le commettre sans remords de conscience.

La repentance produit un changement de comportement. Les étudiants cessent de se souler. Le racisme disparait. La compassion se manifeste de plus en plus. L'immoralité sexuelle ne se pratique plus. Les hommes et les femmes se respectent. Les gens ne trichent plus. Le vol cesse. La critique et la médisance deviennent choses du passé. Une transformation de vie radicale accompagne toujours la repentance sincère.

Cependant, le fait de se repentir ne garantit pas une victoire permanente sur un péché quelconque. Se repentir, ce n'est pas promettre de ne plus jamais pécher de la sorte. Se repentir, c'est décider de se détourner du péché pour retourner de tout cœur à Dieu ; c'est décider de résister au péché de toutes ses forces en se fiant à Dieu pour la puissance de le faire ; c'est ne jamais tolérer ou accepter sa présence dans notre vie ;

c'est poursuivre la sainteté continuellement. Bref, se repentir, c'est décider de ne jamais abandonner la lutte contre le péché, et non promettre de ne jamais souffrir de défaite (car il nous est impossible de tenir une telle promesse ; elle va bien au-delà de nos capacités humaines). Il est essentiel de comprendre cette distinction.

Vivre dans le péché, c'est comme vivre dans une maison envahie de termites sans leur prêter attention, en leur accordant le droit d'y habiter avec nous. Nous repentir, c'est décider que ces termites n'ont pas de place chez nous et que nous devons nous en débarrasser. C'est décider de ne jamais cesser de lutter contre eux et de ne jamais plus vivre en paix avec eux, même s'il faut faire appel à des insecticides puissants pour les vaincre (la confession, le jeûne, la puissance de l'Esprit, et ainsi de suite).

La repentance est le résultat de la conviction du Saint-Esprit, qui vient éveiller notre conscience de sorte qu'elle n'est plus tranquille et qu'elle commence à nous déranger, un peu comme une migraine de l'âme. Mais pendant les réveils, cette conviction devient beaucoup plus forte que d'habitude. Tout réveil peut servir d'exemple de ce fait. Cependant, comme nous n'avons pas encore parlé des réveils de l'Irlande du Nord, c'est là que je veux tourner nos regards. Encore une fois, ce sont quelques jeunes d'âge collégial qui ont déclenché le réveil.

> Quatre jeunes hommes, des chrétiens de Conner, ont partagé leur témoignage pendant un culte à First Presbyterian auquel assistaient quelques milliers de personnes. Tout à coup, des personnes ont commencé à supplier Dieu de leur accorder sa miséricorde.
>
> Ce soir-là, beaucoup de gens n'ont pas pu dormir. Quelques-uns ont pleuré dans leur chambre pendant des heures. D'autres maudissaient et juraient dans leur colère. Lundi soir, l'église First Presbyterian a de nouveau servi de place d'accueil pour les chrétiens de différentes assemblées. Les ministres ont prêché calmement devant la salle comble.

« L'ambiance était sobre ; le silence était grand. Jamais personne ne l'oublierait. À la longue, des cris étranges émis simultanément ici et là dans l'assemblée ont rompu le silence. » Dans l'espace de quelques minutes, le vestiaire de l'église était rempli de gens qui se prosternaient à terre, l'agonie au cœur[57].

Voici ce qu'en dit l'un des témoins oculaires de cette soirée :

Soudainement, un marchand bien éduqué [...] a vu l'enfer s'ouvrir devant lui. Une force irrésistible semblait le propulser vers ce néant. Il a regardé autour de lui en se disant : « Je sais où je suis ; je me trouve dans l'église que je fréquente d'habitude. Je délire. » Mais en regardant par terre, il a vu l'enfer de nouveau.

Il s'est levé pour s'agripper au dos du banc devant lui. Il avait l'impression que la fumée de l'enfer lui montait au visage. Il en tremblait. Son cœur s'écriait : « Mes péchés ! Mes péchés ! Je suis perdu ! » Il est sorti de l'église en titubant pour se rendre chez lui. « Si quelqu'un m'avait demandé alors où je m'en allais, j'aurais répondu que j'allais droit en enfer. »

Une fois arrivé dans sa chambre, il a imploré Dieu d'avoir miséricorde sur lui. C'est alors que les promesses de Dieu ont rempli ses pensées. Il s'est fié à elles, et une joie radieuse a rempli son âme. Lorsqu'il s'est levé, il était chrétien. Il a traversé le village en courant pour se rendre à la maison de son partenaire d'affaires. Lorsque celui-ci lui a ouvert la porte, il lui a dit : « J'ai rencontré le Seigneur, et je suis venu te le dire ! » Ils ont prié ensemble, et trois jours plus tard, son partenaire s'est converti[58].

Voici une dernière histoire :

Certaines personnes, étendues par terre, qui n'étaient pas conscientes de ce qui se passait autour d'elles, faisaient preuve d'une mémoire ointe par l'Esprit. Un pasteur a raconté l'histoire d'une jeune fille allongée par terre pendant quatre heures, les yeux fixés vers le ciel, qui a cité des centaines de versets des Écritures pertinentes à sa situation. Elle a répété des sermons que le pasteur avait prêchés au cours des derniers mois en citant de larges portions de ces prédications verbatims. Lorsque le pasteur l'a questionnée un peu plus tard, elle n'avait plus aucun souvenir des passages bibliques ou des sermons qu'elle avait cités lorsque le Saint-Esprit s'était emparé d'elle[59].

Certes, chaque fois qu'une personne confie sa vie à Jésus-Christ, il y a conviction et repentance. Mais pendant un réveil, la conviction est plus intense et produit une repentance plus complète et profonde.

En révélant certains faits au sujet des réveils de l'Irlande du Nord qui ont eu lieu vers la fin du 19e siècle, J. Edwin Orr soutient l'importance du campus et des étudiants. Le témoignage de quatre jeunes étudiants a déclenché le réveil, qui s'est alors étendu à d'autres pays, en commençant par les campus. « Comme c'est souvent le cas avec de tels mouvements, l'éveil étudiant a donné l'impulsion à une vague missionnaire. En 15 ans, l'union missionnaire de la Grande-Bretagne et de l'Irlande a envoyé plus de 1000 de ses meilleurs diplômés en mission — un tiers d'entre eux en Inde[60]. »

LA RESTITUTION : CORRIGER SES TORTS

La restitution doit souvent venir compléter le processus de confession et de repentance. Le mot « restituer » signifie simplement « repayer ou remettre en bon état ». Si j'ai péché contre quelqu'un en paroles ou en actes, j'ai à demander pardon à la personne que j'ai offensée et j'ai à repayer ma dette envers elle. Il s'agit d'une des facettes les plus difficiles de la confession et de la repentance. Par exemple, disons que j'ai confessé à Dieu que j'ai triché dans un examen et que je me suis repenti de cet acte. J'ai tout de même besoin d'aller voir le professeur pour lui avouer ce que j'ai fait. Cela pourrait me couter cher. On pourrait m'expulser du collège ou me faire couler le cours. Cependant, cela me couterait beaucoup plus cher de refuser de faire restitution. De la même manière, si j'ai volé quelque chose, j'ai à remettre ce que j'ai pris à son propriétaire. Si j'ai répandu des mensonges au sujet d'une personne, je dois me mettre en règle avec cette personne.

La pratique de la restitution a un effet puissant sur les gens. Voici ce que Stephen Olford dit à ce sujet :

> Pendant une période d'éveil spirituel en Afrique, on racontait que les agents de police étaient tout étonnés de voir les gens faire restitution. Il s'agissait non seulement de nouveaux convertis, mais aussi de chrétiens charnels restaurés dans leur relation avec Dieu. Selon le journal Daily Dispatch de East London (Afrique du Sud), les croyants repentants avaient remis à leurs propriétaires les articles suivants : 80 draps, 25 couvertures, 24 vestons, 34 paires de pantalons, 17 manteaux, 25 robes, 27 jupes, 50 chemises, 22 couettes, 64 chapeaux, 23 serviettes, 1 table, 4 chaises, 50 taies d'oreiller, 15 paires de ciseaux, 5 attaches pour cheveux, 9 portefeuilles, 4 appareils photo, 4 montres, 3 révolvers avec munitions et 30 verres, ainsi que tout un assortiment de bijoux, de service de couverts, de bottes, de souliers, de poêles à gaz, de poêles à frire, de lanternes et de rasoirs[61].

Après m'avoir entendu parler à un congrès, une jeune femme m'a demandé de l'aider à résoudre son problème. Elle m'a raconté que pendant ses années d'études, elle avait reçu beaucoup de distinctions. Elle avait même été première de classe dans son domaine d'étude. Elle avait aidé à diriger plusieurs clubs étudiants. Elle comptait beaucoup de professeurs et de membres de l'administration parmi ses amis. Elle avait obtenu des A+ dans tous ses cours.

Alors qu'elle était étudiante de deuxième année, un de ses professeurs lui a arraché son examen des mains alors qu'elle était en train de le passer, en insistant pour qu'elle vienne le voir dans son bureau après le cours. Tout étonnée, elle s'est pliée à ses souhaits.

Pendant cet entretien, le professeur lui a dit : « Mademoiselle, vous savez pourquoi vous vous tenez devant moi — vous savez que vous avez triché sur cet examen. Je vous offre un choix : vous pouvez recevoir une note finale de F pour le cours ou vous pouvez vous présenter devant le conseil d'honneur pour faire appel à ma décision. Mais je suis certain que vous ne choisirez pas cette option, car nous savons tous les deux que vous avez triché. »

Elle était outragée. Elle a répondu : « Je vais certainement faire appel au conseil. Je ne trichais pas ! » Elle est sortie en trombe de son bureau, a téléphoné à ses parents et au président du collège pour exprimer sa colère devant cette injustice, et a commencé à chercher des personnes qui pourraient défendre sa réputation.

Le professeur a expliqué au conseil pourquoi il l'avait accusée d'avoir triché et elle a présenté sa défense. Elle a été absoute de tout blâme et a reçu un A dans le cours.

Pendant sa troisième année d'études, elle est devenue chrétienne par l'entremise du ministère de Campus Crusade for Christ et a commencé à participer activement au mouvement. Elle a obtenu son diplôme avec distinction : elle était première de classe dans son domaine d'étude. Ensuite, elle a fait carrière dans un domaine de choix.

Toute penaude, elle a continué à me raconter son histoire : « Le problème avec tout ça, c'est que le professeur avait raison : j'avais triché sur cet examen. Je n'avais pas le courage de l'avouer, car je savais à quel point cela nuirait à ma réputation, à mon rendement scolaire, à ma relation avec mes parents et mes amis. Même après ma conversion, lorsque Dieu me disait qu'il fallait que je fasse restitution, je ne trouvais pas le courage de le faire. »

Je lui ai demandé de me raconter comment cela l'affectait. Elle m'a avoué que Satan utilisait ce fait pour la retenir chaque fois qu'elle voulait progresser spirituellement. Il la retenait esclave, en lui chuchotant : « Oui… tu es une chrétienne formidable. Tu es un vrai modèle de spiritualité. Tu as fait en sorte que ce professeur, qui en était à son premier poste, ait l'air ridicule et tu n'as pas eu le courage d'avouer ta faute. Comment peux-tu espérer progresser dans la foi ? »

Elle m'a demandé ce qu'elle devait faire. Je lui ai offert le conseil donné par M. Orr. Il faut confesser publiquement une faute publique et en secret une faute secrète. Je lui ai demandé s'il s'agissait d'une faute publique. Elle m'a répondu : « Et comment ! Le président du collège, les professeurs, mes parents… tout le monde était au courant. » Puisque son péché avait été public, je lui ai conseillé de contacter chaque personne concernée pour leur confesser son tort et faire toute restitution nécessaire.

Elle m'a demandé : « Comment faire ça ? Je pourrais perdre mon diplôme, toutes mes mentions d'honneur, et même mon emploi. »

Je lui ai demandé si elle préférait la souffrance à court terme ou la souffrance à long terme, qui s'étendrait sur toute sa vie.

Elle a compris ce que je lui disais. J'ai offert de prier pour elle et je l'ai invitée à me tenir au courant de ses progrès dans cette affaire.

Environ huit semaines plus tard, j'ai reçu deux lettres de sa part. Dans la première lettre, elle me décrivait ses efforts de restitution auprès de toute personne à laquelle elle avait menti. Elle m'a raconté comment elle avait confessé son mensonge à ses parents, et comment ils lui avaient tout pardonné. Elle a aussi décrit les efforts qu'elle avait mis à retrouver le professeur auquel elle avait fait du tort. La deuxième lettre était en fait la réponse que le professeur lui avait envoyée après avoir reçu ses aveux. Dans cette lettre, le professeur exprimait l'étonnement qu'il avait ressenti en recevant sa lettre après tant d'années. Il a avoué qu'à l'époque, il avait trouvé difficile de savoir qu'elle avait triché, alors qu'elle déclarait le contraire. Ensuite, il lui a dit qu'il lui pardonnait tout, pour ensuite ajouter :

> Cela m'impressionne beaucoup que tu aies le courage d'avouer que tu as triché sur cet examen. Cet acte manifeste une intégrité qui sort du commun. Je sais que tu as passé des nuits blanches dans l'angoisse avant d'écrire cette lettre. Le fait que tu me l'aies envoyée témoigne de tes convictions chrétiennes et de ta force de caractère. Cela va toujours m'impressionner que tu aies osé tout m'avouer après tant d'années. Je te souhaite bonne chance. Ta carrière et ton avenir sont des plus prometteurs.

Lorsque je lui ai téléphoné pour lui demander comment elle allait, elle m'a dit qu'elle se sentait « libre, tout à fait libre ».

Je l'ai rencontrée à de multiples occasions depuis. Sa carrière et sa vie sont des plus fructueuses. La leçon est claire. Même lorsque le risque est grand, la confession, la repentance et la restitution en valent la peine.

La confession, la repentance et la restitution — rien de tout cela n'est facile. Mais si nous voulons un éveil spirituel sur nos campus, nous devons avoir la conscience pure comme chrétiens. Si nous persistons dans le péché, nous dressons un obstacle à l'œuvre de Dieu en nous. Lorsque nous confessons notre péché et que nous nous en détournons pour retourner de tout cœur à lui, nous devenons alors des vaisseaux purifiés que le Saint-Esprit peut remplir et diriger. Nous pouvons marcher avec Christ avec assurance, témoigner de lui librement et voir Dieu répondre abondamment à nos prières.

Lorsque nous refusons de nous confesser et de nous repentir, nous attristons le Saint-Esprit et l'éteignons, de sorte que sa puissance ne se manifeste plus en nous et par nous. Dieu peut tout de même agir sur nos campus, mais ce ne sera nullement en réponse à nos efforts.

Si vous avez à cœur votre campus, si vous désirez voir Dieu à l'œuvre en vous et autour de vous, vous devez vous présenter devant Dieu, confesser tout péché qu'il vous révèle et vous en détourner. Vous devez faire restitution lorsque cela s'avère nécessaire, et vous devez vous offrir de tout cœur à Dieu en l'invitant par la foi à vous remplir de son Esprit. Le Calvaire a précédé la Pentecôte. Si vous voulez que l'Esprit se manifeste dans toute la puissance de la résurrection, vous devez passer par la crucifixion : la « crucifixion » que sont la confession, la repentance et la restitution.

L'exercice suivant a aidé des milliers d'étudiants à le faire. Prenez une feuille de papier, une Bible et un crayon. Invitez le Saint-Esprit à vous révéler tout ce qui l'attriste et lui déplait en vous. Prenez de 30 minutes à une heure pour dresser la liste de tous les péchés qu'il vous révèle. Ensuite, confessez-les au Seigneur, en accueillant son pardon parfait pour chacun d'eux. Une fois cela fait, écrivez ce texte au travers de la liste : « Mais si nous confessons nos péchés, nous pouvons avoir confiance en Dieu, car il est juste : il pardonnera nos péchés et nous purifiera de tout mal » (1 Jean 1.9). Déchirez ensuite la feuille. Tous ces péchés ont été payés en entier par Christ, et vous pouvez les oublier à tout jamais — à moins d'oublier de jeter la feuille. Alors, jetez la feuille tout de suite.

Maintenant, décidez de vous fier à la puissance de l'Esprit pour vous détourner de ces péchés (décidez de vous en détourner même si cette libération est parfois marquée de défaites). Faites restitution ou confessez-vous publiquement si cela s'avère nécessaire. (Vous trouverez cela difficile, mais cela en vaut le cout.)

Si vous avez sincèrement confessé tout péché dont vous êtes conscient en vous en détournant et en faisant restitution, vous êtes un canal pur qui est prêt à devenir un déclencheur de réveil et d'éveil sur votre campus. Cela vous prépare aussi au quatrième prérequis pour le réveil ou l'éveil — la prière fervente.

L'EXEMPLE SUPRÊME DE PRIÈRE

Les grands hommes dans le monde d'aujourd'hui sont ceux qui prient. Je ne veux pas dire ceux qui parlent de la prière ; ni ceux qui font profession de croire à son efficacité ; ni même ceux qui expliquent ce qu'est la prière ; non, j'entends ceux qui prennent le temps de prier [...] Bien des gens font ainsi leur maximum pour Dieu ; ils le font en gagnant des âmes à l'Évangile ; en résolvant des problèmes ; en réveillant les fidèles d'une Église endormie ; en fournissant hommes et argent à des stations missionnaires ; en maintenant jeunes et fortes des vies de sacrifice vécues bien loin, en terre étrangère, là où la mêlée est la plus forte ; en conservant enfin à notre vieille terre quelques jours de paix de plus [62].

S. D. Gordon

Pendant chaque réveil, les jeunes gens qui se sont rencontrés en petits groupes pour prier sur leur campus sont devenus les initiateurs du mouvement de prière pour le réveil qui a envahi les églises [63].

Edwin Orr

Il se peut que certains se demandent si nous avons besoin d'un réveil puisque, de toute façon, selon Jean 5.17, Jésus et le Père travaillent jusqu'à maintenant. Arthur Wallis fait appel à une illustration qui vient de la nature pour répondre à cette question :

> Il y avait une fois un ancien réservoir dans les collines qui pourvoyait aux besoins d'eau fraiche d'un village. Un ruisseau des montagnes alimentait ce réservoir, et le trop-plein se déversait dans un autre ruisseau qui se rendait jusque dans la vallée. Ce ruisseau n'avait rien d'extraordinaire. Il coulait doucement sans perturber les roches qui se trouvaient sur son passage ou les ponts qui le traversaient ici et là. Il dépassait rarement ses bords et ne dérangeait jamais les villageois. Mais un jour, de grosses fissures sont apparues dans un des murs du réservoir et en peu de temps, le mur s'est écroulé et toute l'eau du réservoir s'est déversée sur le flanc de la colline. Le torrent a déraciné des arbres, entrainé les roches et détruit toutes les maisons et tous les ponts qui se trouvaient dans son sillage. Le ruisseau ne pouvait plus contenir ses eaux, et ceux-ci ont débordé pour inonder toutes les maisons de la vallée. Le petit ruisseau qu'on avait si facilement ignoré était devenu une source d'émerveillement et de terreur pour les habitants. Les gens qui ne s'étaient jamais donné la peine de s'approcher du ruisseau accouraient maintenant de gauche et de droite pour voir cette merveille[64].

Comme ce doux ruisseau, Dieu est constamment à l'œuvre. Mais lorsqu'il se manifeste avec grande puissance, tel un torrent déchainé, nous disons qu'il y a un réveil. Et rien n'est plus pareil. Les gens qui n'ont jamais songé à Dieu ne peuvent dorénavant penser qu'à lui, parler que de lui et se concentrer que sur lui, tant il se manifeste puissamment parmi eux. En fait, Dieu s'est manifesté si puissamment pendant l'éveil de 1858, que les navires qui se trouvaient à 160 kilomètres des villes américaines vivant le réveil savaient qu'ils entraient dans une zone où le Saint-Esprit exerçait une influence profonde. L'un après l'autre, les navires arrivaient au port, et sur chacun, on parlait du fait que l'équipage et les passagers avaient fait l'expérience de conviction et de conversions soudaines. Sur un navire, le capitaine et tout l'équipage, soit une trentaine d'hommes, avaient tous rencontré Christ en pleine mer et étaient entrés au port en se réjouissant[65]. Imaginez un peu cette scène : les 1000 hommes du navire de guerre, le North Carolina, à son entrée au port de New York, pleurant à genoux et implorant Dieu de leur manifester sa miséricorde[66].

Je relis cette phrase de l'analogie de Wallis, « Les gens qui ne s'étaient jamais donné la peine de s'approcher du ruisseau accouraient maintenant de gauche et de droite pour voir cette merveille », et je repense au Premier Grand Éveil, et en particulier à cette description un peu poétique de l'arrivée de George Whitefield à Middletown, au Connecticut :

> Tout le monde se dirigeait en hâte vers la rivière, dans le silence le plus absolu. À la fin de ce trajet d'environ 5 kilomètres, nous avons découvert qu'une large foule s'était assemblée — il y avait entre 3000 et 4000 personnes. Alors que nous descendions de cheval et secouions la poussière de nos vêtements, les pasteurs sont arrivés. J'ai tourné le regard vers la rivière — les rameurs faisaient avancer leurs traversiers aussi vite que possible pour déverser leurs passagers sur la rive et retourner en chercher d'autres encore. Les hommes, les chevaux et les bateaux donnaient tous l'impression qu'ils s'engageaient dans une lutte féroce pour leur survie[67].

Dieu désire se manifester avec puissance. Il veut se déverser comme un torrent sur nos campus et balayer tout obstacle à sa volonté. En tant que chrétiens, nous avons la merveilleuse possibilité — et peut-être même la responsabilité — de préparer la voie du Seigneur.

La confession et la repentance (ainsi que toute restitution qui s'avère nécessaire) sont des éléments essentiels à cette préparation. Mais il faut en ajouter un autre. En 2 Chroniques 7.14, nous lisons : « Si mon peuple

[…] prie ».

Nous devons prier. Je ne parle pas ici de prières typiques telles que : « Jésus, aide-moi à réussir cet examen » (bien qu'il n'y ait rien de mal à prier pour ça). John Piper a dit : « La prière est un émetteur-récepteur portatif conçu pour la guerre, et nous nous demandons pourquoi il ne fonctionne pas comme interphone pour demander à la femme de chambre de nous apporter un oreiller. » Il dresse ainsi un contraste entre la prière fervente pour le réveil (des plaidoyers pour le salut de ceux qui ne connaissent pas Jésus et pour le réveil des chrétiens en besoin de transformation), et les demandes égocentriques qui sont souvent l'objet de nos prières les plus ferventes. Nous devons prier passionnément pour le salut de notre famille, de nos amis, des étudiants, de nos concitoyens et du monde entier. De telles prières ferventes stimulent notre foi et prouvent la sincérité de nos requêtes.

LA VIE DE PRIÈRE DE JÉSUS

La prière intense et fervente précède toujours les grands mouvements de l'Esprit. Si nous considérons l'histoire de l'Église comme l'histoire d'un seul et vaste mouvement, nous découvrons que celui-ci a aussi été précédé par la prière — les prières ferventes de notre Seigneur Jésus-Christ.

Mon étude de la vie de prière de Jésus a transformé la mienne. La puissance de Dieu est devenue plus manifeste dans ma vie et mon ministère. Cette étude a aussi éveillé en moi un profond fardeau pour l'éveil. J'espère qu'une étude des différentes facettes de la vie de prière de Jésus vous encouragera tout autant à persévérer dans la prière et qu'ainsi vous verrez Dieu agir puissamment sur vos campus pour sa gloire.

Dans ce chapitre, je me contenterai de parler uniquement de la vie de prière de Jésus. S'il est vrai que les histoires de réveil nous encouragent à prier, rien ne nous influence plus en ce sens que l'exemple de Jésus-Christ, le Fils tout-puissant du Dieu tout-puissant, qui a prié humblement et incessamment tout au long de sa vie sur terre. Le réveil présente un contraste frappant entre la faiblesse et l'impuissance des personnes qui prient et les résultats surnaturels de leurs prières ; notre étude de la vie de prière de Jésus fait le contraire. Cela nous étonne de le voir exprimer sa dépendance au Père en se mettant humblement à genoux devant lui, alors que nous savons à quel point Jésus est puissant et glorieux.

Mais c'est ce qu'il a fait. Jésus est non seulement pleinement Dieu, mais aussi pleinement homme ; et en tant qu'être humain, il s'est fié à son Père pour tous ses besoins tout au long de sa vie sur terre. Les Écritures nous enseignent que la puissance de Dieu se manifestait en lui et par lui en réponse à ses prières, et que c'est ainsi qu'il a accompli des prodiges.

Lorsque nous lisons Luc 11, nous découvrons que les disciples (qui avaient entendu Jésus prêcher et l'avaient vu opérer des miracles depuis un an) voulaient être comme le Maitre, et ils lui ont donc demandé de leur enseigner à prier, comme Jean l'avait fait pour ses disciples (Luc 11.1). Il est intéressant de noter qu'ils ne lui ont pas demandé de décrire le secret de ses miracles. (« Dis, Jésus, quand tu marches sur l'eau, comment fais-tu pour ne pas sombrer ? ») Non, ils lui ont plutôt demandé de leur enseigner à prier.

Bien qu'ils aient vu Jésus accomplir des merveilles, ils étaient assez avisés pour comprendre que le secret de la puissance que Jésus manifestait dans sa vie et dans son ministère se trouvait dans son intimité constante avec le Père. Ils avaient compris qu'ils ne pourraient jamais faire comme lui s'ils n'apprenaient pas à prier comme lui.

Jésus pouvait leur enseigner à prier comme nul autre ne pouvait le faire parce qu'il ne se contentait pas de parler de la prière ; il priait. Tout comme ses disciples l'ont fait, nous avons besoin de demander à Jésus de nous enseigner à prier si nous voulons que sa puissance se manifeste en nous et par nous. Les évangiles parlent beaucoup de la vie de prière de Jésus. En les lisant, nous découvrons que Jésus a prié en préparation à son ministère public ainsi que tout au long de ce ministère, jusqu'à la fin.

EN PRÉPARATION À SON MINISTÈRE

En Luc 3.21, nous lisons : « Après que tout le monde eut été baptisé, Jésus fut aussi baptisé. Pendant qu'il priait, le ciel s'ouvrit ».

Il est important de noter que Jésus a prié au début de son ministère. Pendant qu'il priait, le ciel s'est ouvert, le Saint-Esprit est descendu sur lui et le Père lui a parlé.

Après son baptême, « Jésus, rempli de Saint-Esprit, revint du Jourdain et fut conduit par l'Esprit dans le désert. Il y fut tenté par le diable pendant quarante jours. Il ne mangea rien durant ces jours-là et, quand ils furent passés, il eut faim » (Luc 4.1-2).

Avant de commencer son ministère public, Jésus a passé 40 jours à jeuner et à prier. En passant, la Bible ne nous dit jamais que nous ne devons pas « tenter cette expérience à la maison ». (Quel mal y aurait-il à essayer de jeuner pendant une période assez longue ?) Dans cette description de la tentation dans le désert, nous trouvons les prérequis d'un réveil — s'humilier, chercher la face de Dieu et prier. Nous y entrevoyons même une forme de restitution, bien qu'en tant que Fils parfait de Dieu, Jésus n'avait à restituer aucune offense. Mais ici, nous pouvons voir Jésus, le vrai Israël, faire restitution pour les offenses de son peuple en étant obéissant là où ils ont été désobéissants : pendant ses quarante ans dans le désert, le peuple d'Israël s'est souvent révolté contre Dieu, alors que Jésus a passé son temps dans le désert à n'obéir qu'à Dieu.

Jésus établissait le fondement de son ministère pendant ce temps de jeûne et de prière, et ce, à tous les niveaux possibles (ceux que nous comprenons et ceux que nous ne comprendrons jamais). Selon Matthieu 4.17, il n'a commencé son ministère public qu'après avoir gagné la bataille spirituelle épique dans laquelle il s'était engagé pendant ces 40 jours de prière et de jeûne au désert : « Dès ce moment, Jésus se mit à prêcher : "Changez de comportement, disait-il, car le Royaume des cieux s'est approché !" »

Par là, Jésus nous enseigne que la prière précède toute grande œuvre de Dieu.

TOUT AU LONG DE SON MINISTÈRE

Jésus ne s'est pas limité à prier au commencement de son ministère. Il a persévéré dans la prière tout au long de sa vie sur terre. Le petit verset en Luc 5.16 — « Mais Jésus se retirait dans des endroits isolés où il priait » — laisse entrevoir que Jésus accordait la priorité à la prière. La prière ne joue pas un rôle périphérique pour Jésus, mais un rôle capital, central. Jésus a prié dans toutes sortes de circonstances. En voici quelques exemples :

Il a prié tôt le matin pour se préparer à la journée : « Très tôt le lendemain, alors qu'il faisait encore nuit noire, Jésus se leva et sortit de la maison. Il s'en alla hors de la ville, dans un endroit isolé ; là, il se mit à prier » (Marc 1.35). « Après l'avoir congédiée, il s'en alla sur une colline pour prier » (Marc 6.46).

Il a prié avant tous les moments d'inauguration ou de transition de son ministère, comme son baptême.

Il a prié pendant les moments de grande popularité : « Les gens, voyant le signe miraculeux que Jésus avait fait, déclarèrent : "Cet homme est vraiment le Prophète qui devait venir dans le monde !" Jésus se rendit compte qu'ils allaient venir l'enlever de force pour le faire roi. Il se retira donc de nouveau sur la colline, tout seul » (Jean 6.14).

Il a prié pendant les moments difficiles, les luttes et les tentations. À Gethsémané, « il alla un peu plus loin, se jeta à terre et pria pour que, si c'était possible, il n'ait pas à passer par cette heure de souffrance » (Marc 14.35). Il a aussi dit à ses disciples de prier dans de tels moments : « Restez éveillés et priez pour ne pas tomber dans la tentation. L'être humain est plein de bonne volonté, mais il est faible » (Matthieu 25.41).

Il a prié pour ses disciples : « Mais j'ai prié pour toi, afin que la foi ne vienne pas à te manquer. Et quand tu seras revenu à moi, fortifie tes frères » (Luc 22.32).

Il a prié avant de prendre des décisions : « En ce temps-là, Jésus monta sur une colline pour prier et y passa toute la nuit à prier Dieu. Quand le jour parut, il appela ses disciples et en choisit douze qu'il nomma apôtres » (Luc 6.12-13). C'est aussi après un temps de prière qu'il s'est confié à ses disciples, leur annonçant sa souffrance et sa mort prochaines (Luc 9.18-22).

La transfiguration a lieu alors que Jésus est en train de prier : « Pendant qu'il priait, son visage changea d'aspect et ses vêtements devinrent d'une blancheur éblouissante » (Luc 9.29). Y a-t-il une leçon ici pour nous ? « Et nous tous qui, le visage découvert, contemplons, comme dans un miroir, la gloire du Seigneur, nous sommes transformés en son image dans une gloire dont l'éclat ne cesse de grandir. C'est là l'œuvre du Seigneur, c'est-à-dire de l'Esprit » (2 Corinthiens 3.18, Bible du Semeur).

Ses grands accomplissements étaient baignés de prière : il a prié avant de nourrir les foules de cinq-mille ou de quatre-mille personnes, avant de marcher sur les eaux, avant de ressusciter Lazare, avant de guérir l'enfant possédé d'un démon. Le lien entre la prière et ces miracles ne pourrait être plus clair.

Il a aussi prié après ces grands moments : « Aussitôt après, Jésus fit monter les disciples dans la barque pour qu'ils passent avant lui de l'autre côté du lac, pendant que lui-même renverrait la foule. Après l'avoir renvoyée, il monta sur une colline pour prier. Quand le soir fut venu, il se tenait là, seul » (Matthieu 14.22-23). En temps de crise, nous nous tournons vers Dieu dans la prière, mais une fois la crise terminée ou la tâche accomplie, nous avons tendance à nous fier à nous-mêmes — à nos capacités et à notre propre sagesse. Jésus se protège de telles tentations en priant avant, pendant et après tout grand évènement.

Bref, Jésus priait continuellement — j'aurais peut-être pu me limiter à cela et vous épargner ainsi la lecture de toute cette liste, mais je voulais vraiment vous faire comprendre que Jésus se tournait constamment vers son Père pour accomplir toute tâche, assumer tout fardeau, surmonter toute difficulté et vivre toutes les joies quotidiennes. La prière était sa passion première.

JUSQU'À LA FIN

Tout au long de son ministère, du début jusqu'à la fin, Jésus a prié. La veille de sa mort, avant d'être trahi et capturé, Jésus s'est rendu à Gethsémané. Là, il s'est mis à genoux devant son Père pour exprimer toute son agonie. Il s'est relevé de ce temps de prière, fortifié, prêt à rencontrer ses accusateurs (Luc 22.39-46). Il avait averti ses disciples, en leur disant : « Pourquoi dormez-vous ? Levez-vous et priez, afin que vous ne tombiez pas dans la tentation » (Luc 22.40). Jésus parlait en connaissance de cause. Il savait d'expérience que la prière est l'antidote à la tentation et au péché. Rien ne peut mieux nous protéger de notre faiblesse humaine qu'un temps de prière prolongé avec le Père.

Tout au long des souffrances et des tentations de ses dernières heures, Jésus a gardé les yeux fixés sur Dieu le Père en priant sans cesse. Ses dernières paroles, prononcées au moment même de sa mort, viennent d'un psaume : « Père, je remets mon esprit entre tes mains » (Luc 23.46 ; Psaume 31.6).

Comment Jésus a-t-il pu terminer sa vie dans la prière, alors qu'il agonisait ? La réponse est simple : c'est parce qu'il a passé sa vie entière à prier. La prière était un réflexe constant. C'était donc tout à fait naturel pour Jésus de terminer sa vie sur terre ainsi — c'était la seule façon de la terminer.

AUJOURD'HUI

Que fait Jésus aujourd'hui ? Selon Hébreux 7.25, « il peut sauver définitivement ceux qui s'approchent de Dieu par lui, car il est toujours vivant pour prier Dieu en leur faveur. » Jésus-Christ intercède continuellement pour nous au Ciel. Il continue de prier sans cesse. L'habitude de sa vie terrestre est aussi l'habitude de sa vie céleste. Il pense continuellement à nous, et il se présente continuellement devant son Père pour nous.

S. D. Gordon a dit ceci : « Le Seigneur Jésus prie. Trente ans de vie sur terre ; trente ans de service ; une glorieuse mort rédemptrice ; et 1900 ans d'intercession[68]. » Comme Jésus continue à prier pour nous jusqu'à aujourd'hui, nous dirions plutôt « 2000 ans ».

Du début à la fin de sa vie sur terre, et tout au long de son ministère, Jésus a prié, et il prie continuellement pour nous jusqu'à ce jour. C'est là l'exemple suprême de la prière que Jésus nous a légué.

Si nous voulons voir l'éveil spirituel transformer nos campus à la gloire de Dieu, nous devons suivre l'exemple établi par Jésus. Nous devons devenir des hommes et des femmes de prière.

Si vous ne le faites pas déjà, consacrez au moins 20 minutes par jour à la prière pour le réveil pendant votre culte personnel ou pendant un autre moment de la journée. Vous pouvez vous approcher de Dieu avec assurance pour lui demander de transformer votre vie et celles de votre famille, de vos amis et de toutes les personnes sur votre campus. Vous pouvez commencer en priant de façon précise pour les personnes que vous connaissez déjà (vos amis, vos professeurs, les étudiants dans votre résidence ou dans vos cours), pour ensuite étendre vos prières à toutes les personnes sur le campus : les étudiants, les professeurs, le personnel administratif, et ainsi de suite.

Peut-être vous dites-vous que c'est un grand défi de persister dans la prière pendant vingt minutes. Mais si vous persistez à le faire, vous découvrirez que 20 minutes, ce n'est pas beaucoup de temps du tout. Invitez d'autres personnes à se joindre à vous pour prier. De temps à autre, pour élargir votre vision, priez ensemble tout en faisant le tour du campus à la marche. Ce temps de prière en groupe pourrait bien être le premier pas vers un grand éveil.

LA PUISSANCE DE LA PRIÈRE FERVENTE

En nous invitant à prier, Dieu nous accorde le privilège de participer à la transformation des gens et des nations. Il nous a confié un vaste réservoir de puissance, de sagesse et de grâce inimaginables. Si seulement nous lui faisions assez confiance pour nous approprier toutes ses promesses[69] !
Bill Bright

Lorsque Dieu veut faire quelque chose de nouveau par l'entremise de son peuple, il l'invite à prier[70].
J. Edwin Orr

La prière a toujours précédé le réveil. Il n'y a aucune limite à ce que Dieu peut faire en réponse à nos prières. Dans Genèse 32.27, Jacob implore Dieu en lui disant : « Je ne te laisserai pas partir si tu ne me bénis pas ». En fait, il disait : « Peu importe les difficultés que tu dresseras devant moi, je ne te lâcherai pas tant que tu n'auras pas accompli tes promesses. » Nos prières ont besoin d'être tout aussi ferventes et persistantes que celles de Jacob.

Jésus a fait cette promesse à ses disciples : « Et moi, je vous dis : demandez et vous recevrez ; cherchez et vous trouverez ; frappez et l'on vous ouvrira la porte » (Luc 11.9). Il leur enseignait à persister dans la prière, car lorsque l'on frappe à une porte, on le fait jusqu'à ce que quelqu'un l'ouvre.

Nous avons de la difficulté à persister dans la prière. Nous vivons dans un monde qui s'attend à ce que tout soit rapide et facile, et les avances technologiques ne font qu'encourager cette tendance. Ainsi, nous prions pendant un temps, mais lorsque Dieu tarde à répondre, nous devenons distraits ou découragés et nous abandonnons la partie. Mais le réveil durable est le fruit de la prière persistante : le fruit de semaines, de mois, et même parfois d'années passés à implorer Dieu d'envoyer le feu de son Esprit pour convertir les âmes perdues, réveiller les chrétiens et faire de Jésus-Christ le point de mire du campus.

LES PRIÈRES FERVENTES D'UN HOMME

Pensons à l'influence qu'un seul homme peut exercer. En Jacques 5.16, nous lisons que « la prière fervente d'une personne juste a une grande efficacité ».

Jacques nous offre comme exemple l'histoire d'Élie : « Élie était un homme semblable à nous : il pria avec ardeur pour qu'il ne pleuve pas, et il ne tomba pas de pluie sur la terre pendant trois ans et demi. Puis il pria de nouveau ; alors le ciel donna de la pluie et la terre produisit ses récoltes » (Jacques 5.17-18).

Élie était un homme faible et pécheur comme nous, mais il aimait un Dieu grand et puissant. Il a prié que Dieu fasse cesser la pluie pour que le roi d'Israël, Achab, se mette à genoux devant le Seigneur.

Dieu a exaucé sa prière : pendant trois ans et demi, il n'y a pas eu même une goutte de pluie. Le peuple, désespéré, s'est tourné vers Dieu, et Achab lui-même a avoué son besoin de l'intervention de Dieu.

Élie a alors prié que Dieu envoie de la pluie, et la pluie est tombée abondamment ! Jacques fait appel à cette histoire pour nous aider à comprendre que « la prière fervente d'une personne juste a une grande efficacité ».

Croyez-vous que vos prières peuvent faire tomber la pluie, spirituellement autant que physiquement ? Si oui, alors même si vous êtes seul à le faire, commencez à prier avec persistance pour un réveil sur votre campus en vous attendant à des résultats.

Charles Finley nous offre cette histoire en exemple de ce que peut accomplir la prière d'un seul homme (je partage cet exemple en soulignant que Finley écrit avec la passion d'un prédicateur et non avec la précision d'un historien).

> Dans un certain village, il n'y avait pas eu de réveil pendant plusieurs années ; l'église était presque morte. Très peu de jeunes gens s'étaient convertis et une désolation régnait. Dans un petit coin isolé du village vivait un vieil homme qui bégayait beaucoup ; c'était pénible de l'entendre parler. Un vendredi, alors qu'il travaillait tout seul dans son atelier, l'état de l'église et des villageois a commencé à peser sur lui.
>
> Cette agonie l'a incité à fermer son atelier pour passer l'après-midi à prier.
>
> Il a persévéré dans la prière, et le dimanche matin, il a demandé au pasteur d'organiser une conférence pour ce soir-là. Le pasteur a consenti à le faire tout en exprimant sa crainte que peu de personnes y assistent. Le soir venu, la maison débordait de gens. Le silence a régné pendant de longs moments ; mais voilà qu'un pécheur a commencé à pleurer en demandant si quelqu'un pourrait bien prier pour lui. L'un après l'autre, les gens de tous les quartiers du village ont demandé la prière sous l'effet de la conviction de Dieu. Ce qu'il y avait de remarquable à tout cela, c'est qu'ils ont raconté qu'ils vivaient sous cette conviction depuis vendredi après-midi, l'heure même où ce vieil homme avait commencé à prier. C'était le début d'un réveil puissant. Ce vieil homme bégayant avait persévéré comme un prince puissant devant Dieu[71].

Nul besoin d'être un géant spirituel. Il suffit d'être une personne ordinaire qui fait appel à un Dieu colossal avec persistance et passion, en lui demandant d'envoyer un réveil.

DE PEU À PLUSIEURS

Prêt à lire le rapport d'un autre réveil ? Celui-ci date du milieu du 19e siècle :

> Un lourd fardeau pour le salut des âmes pesait sur le cœur de M. Jeremiah C. Lanphier, un missionnaire laïque de la ville de New York. Il se rendait à la salle de lecture de la vieille église hollandaise sur la rue Fulton presque chaque jour pour prier pour un réveil authentique.

Les choses avançaient lentement. Parfois, quelques familles se présentaient, mais souvent, M. Lanphier retournait las et déçu à sa chambre dans le presbytère de l'église pour répandre son âme devant le Seigneur. Ces temps de prière le fortifiaient toujours dans son esprit.

Le 23 septembre 1857, M. Lanphier a décidé d'inviter d'autres personnes à se joindre à lui pour prier en affichant, sur la porte de l'église, cette simple invitation écrite sur un carton : « Réunion de prière le mercredi de 12 h à 13 h — venez y participer pendant 5, 10 ou 20 minutes, selon votre disponibilité. » Ce n'est que vers 12 h 30 qu'il a entendu des pas sur les marches. Un homme est entré, un autre, et encore un autre — six en tout. Rien de remarquable ne s'est passé. Après quelques minutes de prière, ils se sont quittés en se fixant rendez-vous pour le mercredi prochain. Vingt personnes se sont présentées à cette deuxième réunion de midi. La semaine d'après, il y avait 40 personnes. La semaine d'après, la réunion

> hebdomadaire s'est transformée en réunion quotidienne. Comme la salle débordait de gens, ils ont formé des sous-groupes qui se sont réunis dans différentes salles de l'église. Les bancs étaient remplis, les passages et les entrées étaient bloqués et des centaines de personnes ont été renvoyées faute d'espace, car les foules comptaient maintenant plus de 3000 personnes, ce qui a provoqué la création de groupes de prière partout dans la ville[72].

C'est bien qu'une personne prie pour le réveil, mais c'est même mieux lorsque deux ou plus le font. Ce rapport des évènements liés au réveil de prière de 1857-58 nous révèle que c'est lorsque Jeremiah Lanphier en a invité d'autres à se joindre à lui pour prier pour le réveil que la situation a changé. Jonathan Edwards, un des grands agents du Premier Grand Éveil, a dit : « Lorsque Dieu se prépare à accomplir de grandes choses pour son Église, il veut les faire précéder de prières extraordinaires de la part de son peuple[73]. »

En très peu de temps, le réveil de prière laïc s'est étendu de New York à Philadelphie, où quelques étudiants et diplômés ont commencé à se rencontrer pour prier. Dieu leur a donné un fardeau pour le réveil, et en novembre 1857, ils ont commencé une réunion de prière quotidienne, comme Lanphier l'avait fait à New York. En premier, peu de personnes se présentaient, mais cela ne les a pas découragés. Ils ont persisté à se rencontrer, et bientôt, 20, 30, 40, 50 et finalement 60 personnes se rencontraient pour prier. Leurs prières ont gagné en ferveur. On avait l'impression que quelque chose allait bientôt arriver.

Après quatre mois de rencontres, le réveil a éclaté.

> En premier, quelques-uns d'entre nous se réunissaient dans une petite salle pour prier. Le 10 mars, comme cette salle était devenue trop petite pour accommoder les participants, nous avons commencé à nous rencontrer dans la grande salle, qui

contenait 2500 sièges. Mais bientôt, cette salle ne suffisait plus. Les propriétaires ont enlevé la partition entre le plancher et la plateforme ; quand cela ne suffisait plus, ils ont enlevé la partition entre le plancher et les galeries ; 6000 personnes se réunissaient quotidiennement pour prier.

Pendant des mois, les églises ouvraient leurs portes chaque soir sinon plus souvent. Quelques-unes accueillaient des foules de trois à cinq fois par jour. Dans ces salles combles, les gens priaient, se confessaient, s'exhortaient et chantaient. Tout se passait de façon si simple, si honnête, si solennelle. Le silence était impressionnant, les chants si émouvants. Les réunions étaient inoubliables.

Les églises débordaient de gens convertis ou intéressés. Pour suffire à la tâche, on a acheté une grande tente à 2000 $. Le premier service religieux dans la tente a eu lieu le 1er mai 1858. Au cours des quatre prochains mois, environ 150 000 personnes ont assisté aux cultes, et plusieurs se sont converties. Les églises de Philadelphie ont annoncé que 5000 personnes s'étaient converties[74].

Ces chiffres sont étonnants, surtout lorsqu'on considère le fait que la population de Philadelphie à l'époque n'était que 5 % de ce qu'elle est aujourd'hui. Le même réveil et éveil a touché le New Jersey, où l'on a compté 60 000 convertis dans l'espace de quelques semaines. Pendant ce temps, 40 % de la population étudiante de Princeton s'est convertie, et 18 % des étudiants sont devenus ouvriers à temps plein.

Selon l'historien de Harvard, Perry Miller, le nombre de convertis qui se sont ajoutés à l'Église aux États-Unis pendant ce réveil s'élève à 1 million, soit 3,2 % de la population américaine de l'époque.

(Aujourd'hui, ce pourcentage représenterait 10 millions de personnes.) Selon le professeur Miller, ce réveil était l'évènement du siècle[75].

Les personnes qui ont participé à ce mouvement de prière étaient des personnes ordinaires. Très peu d'entre elles sont mentionnées dans les livres d'histoire. Mais grâce à leurs prières, des centaines de milliers de personnes se sont confiées à Christ et des multitudes de chrétiens ont vécu le réveil. Une telle réponse à l'Évangile peut sembler irréaliste de nos jours, alors que l'apathie spirituelle règne sur nos campus, mais nous n'avons qu'à nous poser cette question, répétée partout dans les Écritures : « Y a-t-il donc quelque chose que le Seigneur soit incapable de réaliser ? » (Genèse 18.14). Non, il n'y a aucune raison de penser que nous ne verrions pas de telles choses arriver de nos jours.

Les gens qui se sont réunis à Philadelphie pour prier ont capté l'esprit de prière de Christ. Nous pouvons aussi le capter. En fait, en ce moment, partout dans le monde, les gens prient ainsi.

MODÈLES DE PRIÈRE POUR LE RÉVEIL

Ces dernières années, j'entends parler d'étudiants partout au pays qui expriment le désir ardent de prier pour le réveil. Et ils agissent selon leurs convictions. Tôt le matin, tard le soir ou à midi, des étudiants sur des centaines de campus prient pour le réveil.

Selon le démographe David Barrett, environ 170 millions de chrétiens autour du monde prient quotidiennement pour un éveil spirituel et pour l'évangélisation mondiale. George Otis fils en parle ainsi : « Nous estimons que 70 % des prières pour l'accomplissement de l'ordre missionnaire de Jésus-Christ ont eu lieu depuis 1900. De ces prières, 70 % ont eu lieu après la Deuxième Guerre mondiale. De ces prières, 70 % ont eu lieu pendant les années 1990[76] ! » Je n'ai aucune idée de la méthode qu'il a utilisée pour calculer ces statistiques, mais je reconnais la validité de sa conclusion : la prière et les missions sont les sujets de l'heure.

Comment expliquer cela ? Qu'est-ce qui a motivé le corps de Christ à prier de cette façon ? Outre le fait qu'il s'agit de l'œuvre de l'Esprit, cette explosion de prière sur nos campus et partout au monde semble liée à trois impulsions historiques qui continuent à nous servir de modèles et d'inspiration. Nous avons déjà étudié la première de celles-ci : les grands éveils et réveils qui ont vu le jour en Europe et aux États-Unis au cours des 18e, 19e et 20e siècles. La deuxième influence qui mérite une mention particulière est la prière passionnée et persévérante de l'Église en Corée, qui a déclenché et soutenu un réveil qui subsiste jusqu'à ce jour. J. Oswald Sanders décrit l'origine du réveil qui a balayé la Corée au début du 20e siècle :

> Il y a quelques années, un réveil a balayé la Corée. Les fruits de ce réveil demeurent jusqu'à ce jour. Ce réveil trouve sa source dans la prière. Quatre missionnaires de confessions différentes avaient décidé ensemble de prier chaque jour à midi. À la fin du premier mois, l'un d'eux a proposé de mettre fin à ces réunions du fait que rien ne s'était passé. « Continuons à prier seuls, chez nous, quand cela nous convient », a-t-il suggéré. Cependant, les autres ont plutôt affirmé qu'ils devraient passer plus de temps à prier ensemble chaque jour, et ils ont persisté dans la prière pendant quatre mois. C'est alors que Dieu a envoyé sa bénédiction[77].

En moins de 2 mois, plus de 2000 Coréens se sont convertis au Seigneur. Dans une église, on a annoncé qu'il y aurait une réunion de prière à 4 h 30 chaque matin. Le premier matin, 400 personnes se sont présentées bien avant l'heure prévue, tant ils désiraient prier. En très peu de temps, ce nombre a atteint 600 personnes. Les non-croyants s'y rendaient en grand nombre pour voir ce qui se passait. Ils se sont exclamés : « Le Dieu vivant est au milieu de vous[78] ! »

Joon Gon Kim, un pasteur coréen respecté qui était aussi un dirigeant de Campus Crusade for Christ, a dit :

En 1907, à Pyongyang, 700 personnes ont été remplies de l'Esprit de façon drastique alors qu'elles participaient à un congrès d'une semaine pour l'étude de la Bible. Nous parlons souvent de ce congrès comme d'une Pentecôte coréenne qui a transformé la vie des participants. Ils sont partis de là pour déclencher un mouvement de prière national qui persiste jusqu'à aujourd'hui. Ils sont devenus des témoins que Christ a utilisés puissamment partout au pays et jusqu'aux quatre coins du monde. De la Corée, le réveil s'est répandu en Chine, au Japon et aux États-Unis. Partout où les Coréens se réunissaient, le feu prenait[79].

Bill Bright parle ainsi de l'amour de la prière et de la persévérance dans la prière des Coréens :

En Corée… nous avons aidé à former plus de 2 millions de chrétiens qui sont partis de là pour se rendre jusqu'aux confins de la terre, le cœur enflammé pour Dieu. Plus que partout ailleurs, les chrétiens de la Corée mettent l'accent sur la prière et le jeûne. Dieu honore cet esprit de prière, et aujourd'hui, l'influence de Joon Gon Kim et des chrétiens coréens se répand partout […] Ils exercent une profonde influence pour Christ partout où ils vont du fait qu'ils manifestent un zèle ardent pour Christ, une vie de prière profonde et un vif désir de renouveau[80].

Le réveil coréen est né dans la prière, a continué dans la prière et croît de plus en plus par la prière. Demain matin, à 4 h (oui, il s'agit bien de 4 h le matin), des millions de chrétiens de la Corée du Sud se lèveront, s'habilleront et se réuniront dans des maisons ou des églises pour prier. Cette habitude a offert et continue à offrir au monde entier un exemple de prière passionnée et persistante pour le réveil.

La troisième influence historique nous vient des piétistes moraves du 18e siècle, dirigés par le comte Von Zinzendorf. Cette communauté interconfessionnelle comptait parmi ses membres les Moraves (croyants de la région tchécoslovaque) ainsi que d'autres réfugiés persécutés qui ont trouvé refuge sur les terres du comte Zinzendorf en Allemagne pendant les guerres protestantes. Cette petite communauté a vécu un puissant réveil. Moins de deux semaines après ce déversement de l'Esprit, 24 hommes et 24 femmes ont promis de prier pendant une heure chaque jour pour qu'il y ait de la prière 24 heures sur 24. Ils voulaient qu'un « feu perpétuel brule sur l'autel, sans jamais s'éteindre » (Lévitique 6.6).

Cette réunion de prière continuerait sans relâche pendant 100 ans. Plusieurs y voient l'influence spirituelle derrière les réveils des 18e, 19e et 20e siècles.

Les Moraves ont servi d'exemple et d'inspiration à Peter Greig et au mouvement de prière 24/7 moderne. Après un voyage à Hernhut, le site historique de la communauté de Zinzendorf, Greig s'est dit : « Si les Moraves ont pu prier 24 heures sur 24, 7 jours par semaine pendant un siècle, nous pourrions essayer de le faire pendant au moins un mois dans notre assemblée. » En septembre 1999, l'assemblée a tenté l'expérience et elle a persisté dans la prière 24/7 jusqu'à Noël. Aujourd'hui, il existe des milliers de salles de prière dans plus de 70 pays qui mobilisent une armée de chrétiens qui prient et qui sont prêts à persévérer, à faire des sacrifices, à… Le mieux, c'est de lire la déclaration de vision de Peter Greig qui a servi à galvaniser ce mouvement :

Alors ce gars s'approche de moi et me demande : « C'est quoi la vision ? C'est quoi la grande idée ? » J'ai ouvert ma bouche et voilà les mots qui en sont sortis…

La vision ?

La vision, c'est Jésus — obsessionnellement, dangereusement, indiscutablement Jésus.

La vision est une armée de jeunes. Toi, tu vois des os ? Moi, je vois une armée. Et ils sont libérés de tout matérialisme. Ils se moquent d'un idéal limité par les horaires de bureau (entre 9 h et 17 h). Ils pourraient très bien manger du caviar le lundi et des miettes le mardi. Ils ne s'en apercevraient même pas ! Ils connaissent le sens de la Matrice, la façon dont l'Ouest a été gagné. Ils sont libres comme l'air. Ils appartiennent aux nations. Ils n'ont pas besoin de passeport. Les gens écrivent leurs adresses au crayon, et ils s'étonnent de leur étrange existence. Ils sont libres et pourtant ils sont esclaves des gens qui souffrent, qui sont sales, et qui meurent.

C'est quoi la vision ?

La vision, c'est la sainteté qui fait mal aux yeux. Elle fait rire les enfants et irrite les adultes. Elle a depuis longtemps laissé tomber le jeu d'un minimum d'intégrité pour viser bien plus haut. Elle méprise le bon et s'efforce d'atteindre le meilleur. Elle est dangereusement pure.

La lumière filtre de chaque intention secrète, de chaque discussion privée. Elle aime les gens loin de leurs sauts suicidaires, de leurs jeux sataniques. Voici une armée qui donnera sa vie pour la cause. Un million de fois par jour ces soldats choisissent de perdre pour pouvoir un jour être récompensés par un grandiose « C'est bien, mes fidèles fils et filles ».

De tels héros sont aussi radicaux le lundi matin que le dimanche soir. Ils n'ont pas besoin de célébrité. Au lieu de cela ils sourient silencieusement vers le ciel et entendent les foules chanter encore et encore « ALLEZ ! »

Et ceci est le son de la résistance,

Le murmure de l'Histoire en train de se faire,

Des fondations qui tremblent,

Des révolutionnaires qui rêvent de nouveau,

Le mystère complote à voix basse,

La conspiration respire…

Ceci est le son de la résistance !

Et l'armée est disciplinée. Des jeunes qui forcent leurs corps à se soumettre. Chaque soldat accepterait de prendre une balle à la place de son compagnon d'armes. Le tatouage sur leur dos proclame « car Christ est ma vie et la mort m'est un gain ». Le sacrifice alimente le feu de victoire dans leurs yeux tournés vers le ciel. Vainqueurs. Martyres. Qui peut les arrêter ? Les hormones peuvent-elles les retenir ? L'échec peut-il vaincre ? La peur peut-elle les effrayer, ou la mort les tuer ?

Et la génération prie comme un homme mourant avec des plaintes qui vont au-delà des mots, avec des cris de guerre, des larmes acides et avec une grande foule pleine de rire ! Ils attendent, montent la garde : 24-7-365.

Quel que soit le prix, ils donneront ! Violant les règles. Secouant la médiocrité de sa confortable petite cachette. Abandonnant leurs droits et leurs précieuses petites fautes, se moquant des étiquettes, se privant de l'essentiel. Les publicités ne peuvent pas les influencer. Hollywood n'a pas d'emprise sur eux. La pression de leur entourage est incapable d'ébranler leur résolution aux fêtes nocturnes avant le premier chant du coq.

Ils sont incroyablement cool et dangereusement attirants de l'intérieur. De l'extérieur, ils s'en fichent presque. Ils portent des vêtements comme un costume pour communiquer et célébrer, mais jamais pour se cacher. Renonceraient-ils à leur image ou à leur popularité ? Ils sacrifieraient même leur propre vie – changeraient de place avec le condamné à mort – plus que coupable. Un trône pour une chaise électrique.

Avec du sang et de la sueur et beaucoup de larmes, avec des nuits blanches et des jours stériles, ils prient comme si tout dépend de Dieu et vivent comme si tout dépend d'eux-mêmes.

Leur ADN choisit Jésus. (Il expire et ils inspirent.) Leur subconscient chante. Ils ont eu une transfusion sanguine de la part de Jésus. Leurs paroles font hurler les démons dans les centres commerciaux. Ne les entendez-vous donc pas arriver ? Elles annoncent les déjantés ! Elles appellent les perdants et les mecs bizarres. Voilà qu'arrivent les effrayés et les oubliés avec du feu dans leurs yeux. Ils marchent fièrement et les arbres applaudissent, les gratte-ciels saluent, les montagnes sont écrasées par ces enfants d'une autre dimension. Leurs prières appellent les meutes des cieux et invoquent le rêve ancien d'Éden.

Et cette vision sera. Elle arrivera, elle viendra facilement, elle viendra bientôt. Comment le sais-je ? Parce que cela est le désir de la création même, le cri de l'Esprit, le propre rêve de Dieu. Mon demain est son aujourd'hui. Mon espoir éloigné est son 3D. Et ma pauvre prière chuchotée sans foi invoque un AMEN retentissant, étourdissant qui secoue les os, venu d'une multitude d'anges, de héros de la foi, de Christ lui-même. Et il est le rêveur original, le vainqueur ultime.

C'est sûr[81] !

ENCOURAGER LA PRIÈRE

Les réveils prennent de l'ampleur. Quelques personnes vivent le renouveau. Elles commencent à prier pour un éveil sur leur campus, dans leur église, dans leur ville. Plus elles prient, plus le fardeau s'intensifie. Elles ne peuvent le porter seules ; elles ont besoin que d'autres le partagent. Donc, elles invitent d'autres personnes à s'unir à elles pour prier d'un même esprit. Dieu touche le cœur de ces nouveaux participants, ils deviennent enflammés pour Dieu à leur tour et recrutent encore d'autres personnes. C'est ainsi que le nombre de personnes qui prient passionnément va en augmentant.

Tôt ou tard, le nombre de croyants fervents qui prient atteint une masse critique. Dans une réaction nucléaire, les molécules de matériel radioactif sont ajoutées continuellement jusqu'à ce qu'on atteigne la masse critique ; de la même façon, lorsque les chrétiens qui prient pour le réveil atteignent un certain nombre (connu seulement de Dieu), il y a une explosion spirituelle. Dieu envoie alors un mouvement puissant envahir le campus, l'église ou la ville, de sorte que les chrétiens sont renouvelés dans leur foi et que les non-croyants viennent à Christ.

Nous trouvons un exemple de cette réactivité spirituelle dans un réveil qui a balayé l'Inde au début du 20e siècle. Tout a commencé avec une femme, Pandita Ramabai. En 1891, cette brillante réformatrice sociale hindie a vécu une conversion profonde à Christ.

Ramabai a construit un centre de refuge et un établissement scolaire à Pune, au sud de Bombay (Inde), pour les orphelins, les veuves et les victimes de famine. Elle a baptisé cet établissement du nom de Mukti, mot qui veut dire « salut ». Pendant des années, elle a jeûné et prié pour le salut des femmes de Mukti et pour un réveil en Inde. En 1898, elle a assisté à un congrès chrétien en Angleterre et a recruté les 4000 personnes qui y assistaient à prier pour l'évangélisation et le réveil en Inde et pour les femmes de Mukti.

Elle a publié un magazine missionnaire du nom de Mukti Prayer Bell, dans lequel elle a invité les chrétiens du monde entier à prier que Dieu agisse puissamment en Inde.

En septembre 1901, Ramabai a organisé une réunion de prière spéciale à son centre à Mukti pour demander un déversement de l'Esprit de Dieu. Le réveil est venu et 1200 femmes se sont fait baptiser en moins de deux mois. Mais la vision et le fardeau de Ramabai s'étendaient bien au-delà de Mukti : elle avait à cœur l'Inde entière. Elle a organisé des cercles de prière pour les femmes nouvellement converties (10 femmes par cercle), qui priaient chaque jour pour le déversement de l'Esprit de Dieu en Inde, et elle a invité ses amis et commanditaires à former des cercles de prière à leur tour. Comme elle était consciente du besoin d'évangéliser et non seulement de prier, elle a demandé à 30 femmes d'abandonner leurs études au centre pour aller évangéliser les villages de la région.

Alors que ces 30 femmes s'étaient réunies pour prier que Dieu leur donne la puissance d'accomplir cette tâche, le Saint-Esprit s'est manifesté puissamment parmi elles. « Une des femmes était tellement enflammée pour le Seigneur que les autres l'ont vu en vision, en train de bruler. Une des filles a pris un seau d'eau pour éteindre les flammes, pour découvrir que le feu, bien que visible, n'était pas physique. C'était le feu de l'Esprit [...] tel que vu à la Pentecôte[82]. »

Une des témoins décrit ainsi la scène : « Une jeune fille de 12 ans rit continuellement — son visage, d'habitude quelconque, sinon laid, rayonne de beauté. Elle n'en est pas consciente. Elle fixe toute son attention sur Jésus. On dirait voir le visage d'un ange. Certaines ont même dit avoir vu Jésus — entre autres, une fille aveugle. Tous parlent de son retour. Une chantait des cantiques tout en les composant[83]. »

Bientôt, 700 femmes étaient prêtes à témoigner dans les villages environnants. Chaque jour, un groupe différent de 60 femmes sortaient pour témoigner tandis que les autres restaient pour prier.

Des livres entiers ne pourraient suffire à décrire tout ce qui s'est passé pendant ce réveil, qui a continué à s'étendre d'un bout à l'autre de l'Inde au début du 20e siècle. (Le réveil des enfants de Khasia, pendant lequel de jeunes enfants étaient profondément touchés par Dieu, au point où ils allaient de porte en porte dans les villages des alentours pour parler de Christ, vaut un livre à lui seul.) Les méthodistes ont accueilli 36 000 nouveaux membres ; les presbytériens ont baptisé 11 000 en quatre ans ; les luthériens, 21 000... et la liste s'allonge[84].

Dans le réveil de Mukti, Pandita Ramabai nous offre un exemple de la réaction en chaine causée par la prière pour le réveil. Le fardeau de quelques-uns devient la mission d'une armée. Le réveil a eu lieu parce que Pandita Ramabai ne s'est pas limitée à prier pour le réveil. Elle a aussi cherché à encourager autant d'autres personnes que possible à prier pour le réveil. C'est ainsi que le mouvement de prière a atteint la masse critique nécessaire à une réaction en chaine.

Certes, le changement commence par nous. Nous devons prier nous-mêmes chaque jour que Dieu envoie le réveil dans nos résidences et sur le campus entier. Nous devons demander à Dieu de nous accorder la ferveur et la diligence nécessaires pour obéir à son commandement en 1 Thessaloniciens 5.17 : « Priez sans cesse. »

Une fois que nous avons commencé à prier pour le réveil, nous devons en inviter d'autres à se joindre à nous pour prier, comme Jeremiah Lanphier et Pandita Ramabai l'ont fait.

Si de tels groupes de prière existent déjà, joignez-vous à l'un de ces groupes et partagez avec eux votre fardeau pour le réveil. Vous pourriez même leur passer ce livre pour les encourager dans la prière pour le réveil.

Si de tels groupes de prière pour le réveil n'existent pas là où vous êtes, suivez l'exemple de ces chrétiens hardis : trouvez en Dieu le courage d'organiser un groupe de prière pour le réveil en invitant les gens à se joindre à vous pour prier.

En plus d'organiser des réunions de prière fixes, vous pourriez désigner un endroit sur le campus comme lieu de prière. Il s'agirait d'un endroit où n'importe qui pourrait se rendre n'importe quand pour prier; un endroit où la prière pourrait continuer sans arrêt. S'il s'agit d'une salle qui est à votre disposition continuellement, vous pourriez créer une ambiance de prière en y plaçant des livres, des articles, des magazines, des journaux, des listes de requêtes et de réponses aux requêtes. Cette salle pourrait devenir un sanctuaire qui accueillerait en tout temps les personnes qui désirent se retirer pour chercher le Seigneur et pour prier pour les besoins du ministère, du campus et du monde entier. Vous pourriez utiliser cette salle pour toutes vos réunions de prière de la semaine et pour organiser des chaines de prière 24/7 pour le campus. Dieu vous donnera toutes sortes d'idées créatives pour encourager les gens à prier et pour soutenir un vrai mouvement de prière, si vous le lui demandez.

J'aimerais clore ce chapitre en citant cette exhortation de Leonard Ravenhill, un des plus célèbres étudiants des réveils. Cette citation m'encourage à prier depuis des années, et j'espère qu'elle vous encouragera aussi :

> L'Église fait preuve de beaucoup d'organisation, mais de très peu d'affliction. L'argent est abondant ; les prières sont rares. Beaucoup y trouvent le repos ; peu participent à la lutte. Beaucoup sont entrepreneurs ; peu sont intercesseurs. Les chrétiens qui ne prient pas ne vivent pas la vie chrétienne authentique. Les deux conditions d'une vie chrétienne dynamique sont la vision et la passion ; ces deux qualités trouvent leur source dans la prière. Peu de chrétiens savent prêcher ; tout enfant de Dieu peut prier. Le secret de la prière est la prière secrète [...]
>
> Les dimes servent à construire des églises ; les larmes les font vivre. La différence entre l'Église moderne et l'Église primitive est que nous mettons l'accent sur l'argent ; ils mettaient l'accent sur la prière. Nous payons, et notre place est réservée. Ils priaient, et la place fut ébranlée (Actes 4.31). En ce qui concerne la prière efficace, jamais tant d'entre nous n'ont abandonné la tâche à si peu d'entre nous. Frères, prions[85] !

RÉSULTATS D'UN ÉVEIL SPIRITUEL ÉTUDIANT

> *C'est le réveil qui promouvait efficacement la religion sur le campus [...] Nombreux sont les étudiants qui sont devenus membres de l'Église ou même ministres par l'entremise des réveils. La plupart des présidents et des professeurs des collèges de l'époque avaient l'impression d'avoir échoué à leur tâche si les étudiants n'avaient pas vécu de réveil éclatant pendant leurs quatre années d'étude. Ou bien, c'était Dieu qui avait échoué*[86].
> Frederick Rudolph

Prenez le temps de relire cette citation de Frederick Rudolph. Pouvez-vous imaginer le président de votre établissement scolaire se lever pendant la collation des grades pour s'excuser auprès des diplômés parce qu'il n'y avait pas eu de réveil sur le campus pendant leurs années d'études ? Cela pourrait se passer si nous posons le fondement du réveil en respectant les critères.

Seul Dieu peut envoyer l'éveil. Nous ne pouvons nullement programmer l'œuvre de l'Esprit. Cependant, Dieu nous a révélé ce que nous pouvons faire pour préparer la voie au réveil. Si nous faisons notre part, nous pouvons nous attendre à ce que le réveil produise certains résultats :

1. la sainteté chez les croyants
2. l'obéissance à Dieu et à sa Parole ;
3. une grande manifestation de la puissance de Dieu ;
4. un grand mouvement de l'Esprit de Dieu dans l'évangélisation.

Examinons chacune de ces facettes du réveil.

LA SAINTETÉ

Le New York Herald a décrit ainsi le réveil à l'université du Michigan des années 1850 : « Parfois, une ambiance solennelle régnait parmi les étudiants [...] sous l'influence du Saint-Esprit [...] qui bannissait les derniers vestiges du scepticisme[87]. »

Lorsque les chrétiens se préparent au réveil en priant, leur vie morale s'améliore. Lorsque le réveil arrive, Dieu touche le cœur de ceux qui n'avaient connu jusqu'alors aucun désir d'être transformés par le Saint-Esprit. L'Esprit les éclaire concernant leur péché, en les convainquant puissamment de leur besoin de se confesser, de se repentir et de faire restitution. Les gens se détournent de leurs vieilles habitudes et de leur style de vie mondain pour marcher en communion avec Christ.

Le réveil du collège Asbury de 1970 démontre clairement ce principe. Nous avons parlé au chapitre 5 de la prière qui a précédé ce réveil. Lorsque ce réveil a fait irruption, les étudiants ont commencé à parler ouvertement des changements que Jésus opérait en eux. C'est alors que d'autres étudiants se sont levés pour confesser leurs péchés et demander qu'on leur pardonne. Toutes les classes ont été annulées et le service dans la chapelle a continué pendant 185 heures — presque huit jours ! Les étudiants ont cessé de pratiquer l'immoralité, de prendre de la drogue, de se souler, de tricher et de dire des obscénités. Ils ont commencé à étudier la Parole sérieusement, à faire de l'évangélisation, à travailler fort et à aimer leur prochain. Une des meilleures façons de comprendre cette transformation est de lire quelques extraits du journal intime d'un des étudiants, qui a commencé à inscrire ses pensées et observations sporadiquement pendant cette effusion de l'Esprit, et cela dès le 3 février 1970.

> Le pardon — Les étudiants expriment leur culpabilité et leur ressentiment profonds. Dieu convainc ses enfants.

Deux de mes amis les plus proches s'avancent vers l'autel. Fais déborder leur coupe, Seigneur.

Deux heures et demie passées à prier en levant les mains vers Dieu. Un frère et une sœur à l'autel. Des amis, des couples et des colocataires à l'autel.

Trois heures ont passé. Mon colocataire a trouvé la victoire. Il invite ses amis à se débarrasser de tout ce qui traine dans leur vie. Il dit : « Balayez toutes les cochonneries. »

Des noirs. Des blancs. Le peuple de Dieu.

Des mains en l'air. Un jeune homme de la Californie qui proclame : « Gloire à Dieu ! Je ne suis plus un drogué ! » Les gens applaudissent.

Cinq heures ont passé. Il est maintenant 14 h 55. Nous chantons à nouveau Dieu tout-puissant. Une étudiante venue de l'étranger exprime son désir ardent de retourner à son pays natal dans les iles du Pacifique pour parler du Seigneur à son peuple.

Six heures se sont écoulées. Un poème d'un étudiant au sujet de l'amour de Dieu. Les gens continuent de se présenter à l'autel.

Un diplômé du collège prie : « Pardonne-moi... pardonne-moi. » Il se convertit. Voilà maintenant 12 heures depuis le début du culte.

Des prières intenses pour que Dieu ouvre les portes du Brésil pour un couple qui désire ardemment s'y rendre comme missionnaires.

Quatorze heures se sont écoulées. Minuit. Le début d'une nouvelle journée.

> Après minuit. Nous courrons vers l'autel. Nous sommes dans la présence de Dieu. Crainte — émerveillement — amour — le sens inexprimable de sa présence…
>
> 10 h 5 : 72 heures d'écoulées. Le réveil s'étend à d'autres campus pour devenir un réveil national.
>
> Les professeurs témoignent de leur foi en Jésus-Christ.
>
> Voilà maintenant 106 heures que ça dure — le réveil continue, continue, et continue encore. Treize âmes à l'autel. Entre 1500 et 1600 personnes dans la salle. Des gens venant de plusieurs états[88].

Sur beaucoup de campus aujourd'hui, la vie des chrétiens se démarque peu de la vie des non-croyants. Même si dans certains cas, ils s'abstiennent de boire ou de dire des obscénités, la qualité de leur vie morale ou de leur amour ne se distingue que peu de celle des étudiants qui ne connaissent pas Jésus. Pour cette raison, les non-chrétiens méprisent Jésus et sa puissance. Nous n'avons jamais eu autant besoin de sainteté !

Nous pouvons nous attendre à ce qu'un réveil étudiant influence le domaine de la sexualité : moins d'avortements, un taux d'abstinence plus élevé, un délaissement de la pornographie, des paroles saines exemptes de sous-entendus, moins de viols et de perversion sexuelle, un plus grand respect du sexe opposé et un plus grand amour réciproque. La sainteté pourrait aussi se manifester dans la fermeture de bars, l'adoption de codes d'honneur volontaires, une transformation de la teneur des propos dans les journaux étudiants, une purification et une transformation des sites web et des réseaux sociaux en plateformes pour l'évangélisation, plus de modestie, des réunions de prière qui débordent d'étudiants, moins de suicide, de dépression, et d'autres troubles de santé mentale, moins de blagues cyniques ou sardoniques. Bref, les étudiants voudraient changer de vie ; il n'y aurait aucun besoin de règles les forçant à le faire. Ils désireraient ardemment poursuivre une vie pure et sainte.

L'OBÉISSANCE À DIEU ET À SA PAROLE

Le deuxième résultat d'un éveil étudiant serait une obéissance renouvelée à Dieu et à sa Parole, puisqu'une telle soumission à Dieu est l'essence même du réveil. Nous verrions des étudiants mettre tous leurs efforts à étudier diligemment la Parole de Dieu, puisque le texte le plus important à leurs yeux serait la Bible. Ils ne négligeraient plus les promesses et les commandements de Dieu. Au contraire, ils les citeraient et marcheraient par la foi en se fiant à eux.

Ce désir renouvelé d'obéir à Dieu pourrait soulager largement la souffrance dans la société. Les réveils provoquent presque toujours des améliorations à long terme de la société. Avant le réveil, les chrétiens sont souvent égocentriques. Ils ne s'intéressent que peu aux besoins des autres, surtout si ces gens ne font pas partie de leur cercle intime. Mais lorsque les croyants sont ranimés par l'Esprit pendant un réveil, ils commencent à se fier à la Parole de Dieu et y lisent plusieurs commandements concernant les pauvres, les affamés, les prisonniers, les opprimés et les impuissants. Par le passé, les chrétiens ranimés par l'Esprit ont établi des hôpitaux, des orphelinats et des centres de réinsertion. Ils se sont levés contre l'esclavage, le travail des enfants et l'oppression des pauvres. Beaucoup d'organismes de bienfaisance (tels que la Croix rouge et l'Armée du salut) et de mouvements pour l'abolition de l'esclavage et pour l'abstinence trouvent leur source dans les réveils. James Montgomery Boice offre ce commentaire : « Les plus importantes améliorations de la société sont le résultat de réveils, qu'il s'agisse du Premier Grand Éveil ou des réveils de Wesley et Whitefield[89]. »

De nos jours, un réveil pourrait inspirer un intérêt renouvelé pour les pauvres, les persécutés, les orphelins, les veuves, les victimes de guerre, les victimes de violence et les personnes négligées et seules. Nous pourrions voir un intérêt croissant pour l'œuvre humanitaire mondiale et pour la protection des droits de l'homme. Nous pourrions travailler pour mettre fin à l'esclavage, aux pratiques économiques injustes, au SIDA, aux guerres civiles, à l'industrie du sexe, au génocide, à la corruption politique et d'entreprise et à la prolifération d'armes nucléaires.

L'éthique pourrait régner de nouveau dans les affaires, en médecine, et dans les établissements scolaires. On se repentirait du racisme et des préjugés (un grand problème dans notre société). Les torts seraient redressés.

Les étudiants sont des plus idéalistes. Un éveil parmi les étudiants doterait cet idéalisme d'une perspective éternelle et génèrerait de nouvelles solutions à ces problèmes persistants ici et ailleurs.

UNE PUISSANCE ACCRUE

Seul l'Esprit peut envoyer un réveil qui transformera notre vie, notre campus, notre nation. En 1 Corinthiens 4.20, l'apôtre Paul affirme que « le Royaume de Dieu n'est pas une affaire de paroles, mais de puissance ». En parlant de l'Esprit, Jésus a dit : « Mais vous recevrez une force quand le Saint-Esprit descendra sur vous. Vous serez alors mes témoins à Jérusalem, dans toute la Judée et la Samarie, et jusqu'au bout du monde » (Actes 1.8).

Lorsqu'il y a un réveil, les chrétiens décident d'obéir à Dieu ; l'Esprit peut alors manifester sa puissance en eux et par eux. A. J. Gordon a dit : « Dieu est prêt à nous investir de sa puissance aussitôt que nous sommes prêts à lui obéir[90]. » L'Esprit nous donne la force de prier, de pardonner et d'aimer. Il nous transforme et nous investit d'un courage qui surmonte toutes nos craintes.

Josef Tson, le dirigeant du réveil spirituel en Roumanie pendant les années 1970 et 1980, dit que le secret du réveil, c'est le courage d'affronter la mort sans fléchir. Il a déclaré que ce qui fait obstacle au réveil, c'est le désir de se préserver du danger. « Parfois, Dieu veut que tu te tiennes debout et que tu meures, pour que le réveil en résulte. » Tson savait de quoi il parlait : il a subi courageusement de multiples interrogatoires et tortures sous le dictateur roumain Ceaușescu. Il a prêché son message de courage et de sacrifice et les jeunes l'ont accueilli en déclarant : « Nous ne voulons pas vivre le compromis comme nos parents l'ont fait. Le choix est clair : nous devons vivre pleinement pour Jésus ou sans lui. » Selon Tson, « c'est à ce moment que le réveil a envahi la Roumanie[91] ».

L'Esprit nous rend capables de tenir ferme et de combattre gracieusement et humblement (si nécessaire). Il nous rend capables de témoigner hardiment et de persévérer dans la tâche que le Seigneur nous confie. Un pasteur chinois ranimé pendant le réveil de Chantoung témoigne de cette puissance (Dieu a visité puissamment presque tous les villages de cette province de la Chine pendant les années 1930 en convertissant des milliers de personnes) :

> Je prêche depuis 30 ans. Par le passé, mon travail laissait beaucoup à désirer. J'étais tellement paresseux que je ne pouvais même pas marcher deux kilomètres pour parler aux gens de Jésus. Mais depuis le réveil, je me rends à une réunion de prière à 5 h chaque matin, je retourne à la maison pour prendre le petit-déjeuner, et je marche 40 kilomètres en témoignant dans les villages pour ensuite retourner à la maison et me rendre à la réunion de prière du soir. Le lendemain, je suis prêt à tout recommencer. Des douzaines de villages nous entourent, et j'ai témoigné dans chacun d'eux[92].

Le Student Volunteer Movement est un autre exemple de longévité spirituelle. Selon les meilleures estimations, de son établissement en 1888 et jusqu'en 1928, ce mouvement a encouragé environ 20 500 étudiants à devenir missionnaires à long terme à l'étranger. Il s'agit du plus grand mouvement missionnaire de l'histoire de l'Église. Lorsque ces missionnaires s'engageaient, ils s'engageaient réellement : plusieurs ont persévéré dans la mission pendant 20, 30, 40 ou même 50 ans. Ils se sont engagés pour la vie. C'est ce que la puissance de l'Esprit produit à long terme.

UN GRAND MOUVEMENT D'ÉVANGÉLISATION

Le réveil engendre toujours un grand mouvement d'évangélisation, comme l'attestent les résultats immédiats du réveil d'Asbury de 1970.

> Ils ont commencé à parler de ce réveil dans tous les collèges chrétiens de la nation. Presque 40 collèges ont été influencés, soit directement ou indirectement. On parle même d'un caméraman d'un des grands canaux de télévision qui a été profondément touché en préparant un reportage de cet évènement religieux inédit. En entendant les confessions et les témoignages des étudiants, il a laissé de côté sa caméra, s'est avancé vers l'autel de la chapelle, s'est agenouillé et a confié sa vie à Jésus-Christ. Si Dieu éveillait ainsi les étudiants des établissements scolaires chrétiens et laïcs d'aujourd'hui, il y aurait surement des centaines de conversions semblables[93].

Revoyons le réveil du pays de Galles en 1905. Dans l'espace de trois mois, 100 000 personnes se sont converties, et 80 000 d'entre elles continuaient à fréquenter une église 5 ans plus tard. L'évangélisation est devenue la tâche de tous les chrétiens ranimés et non seulement de quelques âmes choisies.

L'évangélisation était aussi le point de mire du réveil au 19e siècle. En 1854, W.S. Tyler, du collège Amherst, a mené un sondage auprès de onze collèges du Nord-Est des États-Unis qui ont connu des éveils. Il a découvert que 34 % des étudiants de ces campus étaient devenus chrétiens, et que presque 50 % de ces derniers étudiaient pour devenir ministres chrétiens. Il a demandé de la prière pour plus d'éveils en plaidant : « Pourquoi ne pourrions-nous pas voir un réveil dans chaque collège [...] voir les étudiants de chaque année recevoir une nouvelle onction du Ciel ? [...] Pourquoi un seul de ces étudiants terminerait-il ses études sans avoir rencontré Jésus[94] ? »

Robert Coleman, qui a étudié à fond l'évangélisation et les réveils, ajoute comme condition au réveil le désir de servir le Seigneur, en affirmant que « nous ne pouvons pas nous attendre à ce que Dieu déverse sur nous sa bénédiction si nous ne sommes pas prêts à participer d'une façon ou d'une autre à sa mission rédemptrice[95]. » Par exemple, le réveil de Chantoung s'est déclenché lorsqu'un pasteur, Chiang Ki Yao, a confessé son manque d'évangélisation et a promis de faire restitution pour ce manquement.

> « Je suis un meurtrier », a-t-il dit. « Les bandits de la région causent la mort de quelques personnes, mais je suis la cause de la mort spirituelle de plusieurs. Dorénavant, je vais me rendre à tous les endroits que j'ai visités par le passé pour confesser mes manquements et présenter l'Évangile à ces gens. C'est ma tâche première. Je suis endetté envers eux et je dois repayer ma dette. » Partout où il allait, la puissance de Dieu le précédait, et plusieurs de ces anciens amis se sont confiés à Christ[96].

Lorsque nous enlevons tout obstacle à la puissance de l'Esprit, nous retrouvons la motivation et la liberté de partager l'Évangile. Comme l'a observé Edwin Lutzer, le chroniqueur du réveil canadien des années 1970 :

> Pendant ce réveil, Dieu « déliait les cordes de la langue », pour emprunter les mots d'Augustin, et les chrétiens qui s'étaient promis de ne jamais s'afficher publiquement pour Christ ont commencé à parler librement de lui [...] Les croyants partageaient l'Évangile avec leurs voisins pour la

première fois […] Plusieurs croyants n'avaient jamais compris ce que Dieu pouvait faire par eux lorsqu'ils étaient libres du péché[97].

Je ne peux pas trop insister sur le fait que le réveil doit se traduire en un intérêt renouvelé pour l'évangélisation et les missions (c'est la responsabilité des déclencheurs de réveils de s'assurer qu'il en est ainsi). Selon Jésus, la puissance de l'Esprit est donnée aux disciples afin qu'ils deviennent témoins de Christ : « Mais vous recevrez une force quand le Saint-Esprit descendra sur vous. Vous serez alors mes témoins à Jérusalem, dans toute la Judée et la Samarie, et jusqu'au bout du monde » (Actes 1.8). Assurément, c'est ce qui s'est passé lorsque l'Église naissante a été remplie de l'Esprit :

> Il leur dit : « Nous vous avions sévèrement défendu d'enseigner au nom de cet homme. Et qu'avez-vous fait ? Vous avez répandu votre enseignement dans toute la ville de Jérusalem et vous voulez faire retomber sur nous les conséquences de sa mort » (Actes 5.28).

> Et chaque jour, dans le temple et dans les maisons, ils continuaient sans arrêt à donner leur enseignement en annonçant la Bonne Nouvelle de Jésus, le Messie (Actes 5.42).

Les réveils des quatre derniers siècles ont tous plus ou moins suivi ce modèle biblique. Le grand réveil et « la Pentecôte » du Japon en octobre 1900 a inspiré le tikyo dendo (la campagne d'évangélisation hardie) de mai et juin 1901[98]. Les cercles de prière de Pandita Ramabai se sont transformés en une armée d'évangélistes sous l'effet du réveil de Mukti. Et le Deuxième Grand Éveil a balayé les campus pour ensuite disséminer environ 20 500 missionnaires aux quatre coins du globe.

Si j'insiste sur ce fait, c'est qu'en ce moment, les mouvements de prière encouragent surtout l'expérience de Dieu, les projets humanitaires, la guérison, les pèlerinages et l'effusion des dons de l'Esprit. Bien qu'il s'agisse de bonnes choses, il ne faut pas oublier que dans le livre des Actes, le réveil a servi surtout et avant tout à encourager l'évangélisation. Le réveil renouvèle notre zèle, mais les dirigeants des réveils doivent s'assurer que ce zèle n'est pas gaspillé sur des choses de moindre importance. « Le mieux est souvent l'ennemi du bien. » Seul l'Évangile de Jésus-Christ peut ranimer l'espoir d'une nation et lui redonner la vie. Les bonnes œuvres doivent toujours aller de pair avec la proclamation de l'Évangile.

Un de mes amis a demandé à J. Sidlow Baxter, un pasteur qui vivait à Edinburgh pendant une période de grand éveil, de décrire le réveil que son église a vécu. Il a répondu : « Tout ce que je peux dire, c'est que la présence de Dieu se faisait sentir partout. Les gens ne parlaient que de Dieu ; ils ne pensaient qu'à Dieu. Ils se rendaient au travail comme à l'habitude, mais toutes leurs pensées étaient pour Dieu. »

LES PROCHAINS PAS

« La présence de Dieu se faisait sentir partout » : quelle vision captivante de ce que pourrait être un éveil sur nos campus ! Il me semble qu'une telle possibilité devrait suffire à nous motiver à persévérer dans la prière, à nous humilier et à nous confesser jusqu'à ce qu'un éveil éclate.

Nous pourrions parler longuement encore des résultats des réveils. Mais en fait, Dieu pourrait nous surprendre. Il est le Dieu qui peut faire « infiniment plus que tout ce que nous demandons ou même imaginons, par la puissance qui agit en nous » (Éphésiens 3.20). Si nous savons une chose, c'est que lorsque l'éveil viendra, tout le monde le saura. Ce sera un mouvement de Dieu puissant et vaste qui influencera presque tous les étudiants, les professeurs et les employés de nos universités.

Dressez la liste de tout ce que Dieu pourrait faire sur vos campus en temps de réveil. Incluez des noms et des endroits spécifiques que Dieu vous met à l'esprit. Votre liste pourrait inclure un doyen de l'université qui se confie à Christ et qui devient un puissant témoin pour lui, une résidence qui accueille plus de 500 étudiants à des études bibliques chaque semaine, une personne qui cesse de consommer l'alcool ou la drogue, une autre qui cesse de vivre dans l'immoralité, et ainsi de suite.

Je vous encourage à dresser un document visionnaire comme Peter Grieg l'a fait pour le mouvement de prière 24/7 (voir le chapitre précédent). Laissez ce document vous guider dans vos prières. Demandez à Dieu de répondre à vos requêtes et invitez-le à élargir votre vision pour que vous lui fassiez confiance pour de plus grandes choses encore. Attendez-vous à une explosion spirituelle sur votre campus pendant vos années d'études, en faisant tout ce que vous pouvez pour voir ce rêve se réaliser.

CONCLUSION

Dieu m'a confié un fardeau pour un réveil spirituel contemporain. Ma prière, c'est que ce fardeau devienne un cri du cœur pour le réveil [99].
Stephen F. Olford

Je crois qu'un réveil étudiant n'est pas simplement désirable, mais essentiel. Je crois aussi qu'un réveil s'en vient. Sinon, je n'entretiens que peu d'espoir que les ténèbres qui envahissent les établissements scolaires du monde se dissipent d'ici peu. S'il n'y a pas de réveil, les gens viendront tout de même à Christ, et plusieurs d'entre eux seront formés comme disciples. Mais à mon avis, nous ne pouvons vaincre l'athéisme, l'apathie et l'agnosticisme qui règnent aujourd'hui sans un mouvement puissant de l'Esprit de Dieu.

Toutefois, je crois que le réveil s'en vient. Je crois que de plus en plus de chrétiens sont insatisfaits de l'état spirituel qui règne sur les campus. Je dirais même que plusieurs étudiants chrétiens en ont marre. De plus en plus de chrétiens se réunissent pour prier pour le réveil et choisissent de vivre selon les conditions nécessaires au réveil. Les exemples du passé et les évènements présents nous donnent raison d'espérer que l'Esprit de Dieu agit puissamment ; il se peut même qu'il se prépare à agir comme il l'a fait pendant le réveil mondial du début du 20e siècle.

Le mouvement composé de membres du peuple de Dieu qui se

préparent au réveil prend de l'ampleur. Nous avons tous besoin de participer à ce mouvement pour ne pas manquer ce que Dieu se prépare à faire, car le danger nous guette : l'apathie, le matérialisme, le doute, l'immoralité sexuelle ou d'autres pièges peuvent nous faire dérailler. Il est temps de laisser de côté la routine ; nous ne devons plus nous contenter des résultats présents. Nous avons besoin d'un nouveau départ. Les croyants obéissants et engagés peuvent participer à l'œuvre que Dieu est en train de préparer.

En 1747, Jonathan Edwards a écrit un livret sur la prière au titre ridiculement long : *L'Union dans la prière pour la propagation de l'Évangile ou Abrégé d'un humble essai, dont le but est de provoquer un accord visible du peuple de Dieu dans l'offre des prières extraordinaires pour avancer le règne de Christ sur la terre.*

Edwards espérait encourager ainsi la prière pour le réveil (si les gens s'intéressaient toujours au livret après avoir réussi à en lire le titre). Dans ce livret, il invite les croyants à s'engager à prier ensemble pour le réveil pendant sept ans. Dans sa conclusion, il offre cette réflexion concernant l'attente patiente d'un réveil envoyé par Dieu en son temps :

> Maintenant, je désire que tous les bons chrétiens qui auront lu ce discours avec attention veuillent bien considérer s'il ne leur est pas impossible de se dispenser d'accomplir le devoir qui leur y est recommandé[100] [...] en cherchant une si vaste miséricorde. Pour ma part, j'espère sincèrement que l'union dans la prière extraordinaire du peuple de Dieu pour l'effusion du Saint-Esprit ne tirera pas à sa fin une fois les sept années révolues. J'espère que nous y persévèrerons, d'une manière ou d'une autre, en nous engageant à prier avec plus d'empressement encore, et que cette union dans la prière se répandra beaucoup plus qu'elle ne peut le faire en sept ans. Mais, en même temps, j'espère que le peuple de Dieu qui s'engage à prier ainsi sera témoin de quelques gages de la

promesse d'ici sept ans, ce qui leur permettra de voir que Dieu n'a pas dit au peuple de Jacob, « cherchez-moi en vain » ; et que cela les encouragera à persévérer dans l'union dans la prière pour l'avancement du règne de Christ avec une ferveur croissante. Mais, quels que soient nos espoirs en ce domaine, nous devons nous complaire à demeurer ignorants des temps et des saisons établis par le Père, en acceptant que Dieu réponde à la prière et accomplisse ses glorieuses promesses en son temps[101].

Certains de ses contemporains ont persévéré dans la prière, mais la plupart des chrétiens de l'époque n'ont pas écouté son plaidoyer. En fait, ce livret a été presque complètement ignoré pendant 40 ans, jusqu'à ce qu'on en fasse une réédition en Angleterre (1789). C'est alors qu'il a été chaleureusement accueilli par un mouvement de prière passionné qui l'a utilisé comme manifeste du Deuxième Grand Éveil. Le livret a accompli l'objectif que l'auteur s'était donné, mais non pas de son vivant ou du vivant de la plupart des chrétiens qu'il avait exhortés à prier.

Depuis que j'ai écrit la première édition de ce livre il y a 25 ans, il y a eu des instances de prière pour le réveil ici et là (qui incluaient surement de grands moments de victoire et de puissance). Mais ces groupes de prière se sont éclipsés, las d'attendre le réveil. Les étudiants ont manqué de persévérance.

Mais la situation d'aujourd'hui est différente, et c'est pour cette raison que j'ai révisé ce livre. Récemment, une vague de mouvements de prière se répand autour du monde. Je n'ai jamais rien vu de pareil : les étudiants de partout reconnaissent leur besoin de prier et de se confesser, et ils invitent leurs amis à faire comme eux.

Aujourd'hui, les étudiants comprennent que nous sommes dans une lutte pour les cœurs et les âmes des gens. Les enjeux ne sont pas seulement temporels, mais éternels. Il s'agit de la destinée du monde entier, et non seulement de nos petites préoccupations personnelles. Le plus grand espoir pour cette planète est un réveil étudiant : une multitude de jeunes hommes et femmes libres de dettes qui se détournent de la médiocrité et des distractions mondaines pour servir le Seigneur sans relâche et sans réserve. Imaginez des mouvements spirituels partout, des étudiants et des étudiantes sur tous les campus du monde qui réclament qu'on ouvre les portes du campus à Jésus et qu'on le reconnaisse comme Seigneur de tout.

Le but de ce livre est de vous mettre au défi, de vous libérer du statuquo et de vous recruter comme déclencheur d'un éveil spirituel, quelqu'un qui priera et croira que Dieu accomplira des merveilles sur votre campus. Je crois que si vous acceptez le défi, vous exercerez une influence spirituelle qui ira bien au-delà de tout ce que vous pourriez espérer.

Dans l'attente d'un réveil, il n'y a pas de juste milieu. Soit nous aidons à déclencher le réveil, soit nous sombrons dans la mer tiède de la médiocrité spirituelle, comme le font la plupart des étudiants.

Je vous invite à devenir l'un de ces révolutionnaires qui prient et qui travaillent dans l'attente que le Seigneur ranime les croyants sur le campus et révèle la gloire de son nom aux non-croyants.

Alors que les forces armées allemandes s'amassaient sur le littoral de la France, en préparation à une invasion de la Grande-Bretagne pendant la Deuxième Guerre mondiale, Winston Churchill a prononcé un discours dans lequel il invitait tous ses concitoyens à mettre tous leurs efforts à éviter la catastrophe. L'appel qu'il leur a lancé concernant une bataille temporelle est le même que je vous lance au niveau spirituel. Essayez d'interpréter les paroles suivantes comme un appel de Dieu, qui décrit la part que vous avez à jouer dans le réveil à venir.

> Ce que le général Weygand a appelé la bataille de France a pris fin. Je m'attends à ce que la bataille d'Angleterre commence d'un moment à l'autre. De cette bataille dépend la survie de la civilisation chrétienne. De cette bataille dépendent notre propre vie et la pérennité de nos institutions et de notre

Empire. Toute la rage et la force de l'ennemi seront très bientôt dirigées contre nous. Hitler sait bien qu'il doit nous vaincre sur cette ile, ou bien perdre la guerre. Si nous parvenons à lui tenir tête, l'Europe tout entière recouvrera un jour sa liberté, et le monde pourra poursuivre son chemin sur de vastes horizons ensoleillés. Mais si nous échouons, alors le monde entier, y compris les États-Unis, y compris tout ce que nous avons connu et aimé, sombrera dans les abysses d'un nouvel âge obscur, que les lumières d'une science pervertie rendront plus sinistres et peut-être plus long encore. Rassemblons donc nos forces au service de nos devoirs et comportons-nous de telle façon que si l'Empire britannique et son Commonwealth durent mille ans encore, les hommes continuent de dire : « Ce fut leur plus belle heure[102]. »

Que votre plus belle heure soit celle-ci !

POSTFACE : SATISFAIT ?

Sans l'Esprit de Dieu, nous ne pouvons rien faire. Nous sommes comme des voiliers sans vent — inutiles.

Charles Spurgeon

À mon avis, ce n'est qu'en étant rempli du Saint-Esprit que le chrétien peut être fructueux dans sa vie ou dans son service. Seul l'Esprit peut nous investir de la puissance de Dieu.

Henrietta Mears

En temps de réveil ou d'éveil, Dieu répand abondamment son Esprit. C'est un peu comme Noël. Nous ne célébrons pas Noël tous les jours, bien que certains trouvent cette idée attrayante. En fait, la vie serait bizarre et déséquilibrée si nous passions notre vie entière à célébrer cette fête.

De la même façon, si nous essayons de faire du réveil la norme, cela vient déformer notre vision de la vie, de notre marche avec Dieu et du ministère du Saint-Esprit. Historiquement, les réveils ont parfois eu cet effet négatif. Donc, pour faire l'expérience de toutes les bénédictions liées à la prière pour le réveil, l'attente du réveil et l'expérience du réveil sans sombrer dans les effets secondaires nuisibles liés à l'extrémisme, nous devons bien comprendre en quoi consiste la plénitude de l'Esprit.

LE SAINT-ESPRIT HABITE TOUS LES CHRÉTIENS

Lorsque nous avons confié notre vie à Christ, il est venu demeurer en nous dans la personne du Saint-Esprit. Je ne comprends pas tous les détails du processus, mais lorsque le Saint-Esprit fait sa demeure en nous, il nous communique l'assurance de notre salut. « Vous aussi, quand vous avez écouté le message de la vérité, la Bonne Nouvelle qui vous a apporté le salut, vous avez cru au Christ ; alors, Dieu a mis sa marque personnelle sur vous, en vous donnant le Saint-Esprit promis. Le Saint-Esprit nous garantit les biens que Dieu a réservés à son peuple ; il nous assure que nous les possèderons quand notre délivrance sera complète » (Éphésiens 1.13-14).

Nous appartenons désormais à Dieu ; le Saint-Esprit est le gage de ce fait, la garantie qu'il nous a rachetés et que nous lui appartenons. Tout comme il suffit de passer par la cérémonie du mariage une seule fois pour être mariés pour la vie, il suffit d'accueillir Christ une seule fois pour lui appartenir à tout jamais. Nous n'avons pas à renouveler cette décision chaque matin ; une fois suffit.

Lorsque nous avons reçu Christ, nous sommes devenus enfants de Dieu : « Cependant, certains l'ont reçu et ont cru en lui ; il leur a donné le droit de devenir enfants de Dieu » (Jean 1.12). En théorie, je pourrais dire à mes parents que je ne désire plus être leur enfant, mais cela ne changerait en rien le fait que je suis leur fils. C'est un fait fondé sur les circonstances de ma naissance. Je peux mettre fin à notre communion, mais non à notre relation.

Puisque nous n'avons rien fait pour mériter notre salut, rien de ce que nous pourrions faire ne nous le fera perdre. Nous appartenons éternellement à Jésus-Christ. C'est ce que l'Esprit vient confirmer dans notre cœur. Mais Dieu ne nous donne pas son Esprit simplement pour nous convaincre de notre salut. Si nous pouvons vivre la vie chrétienne, ce n'est que grâce à l'Esprit.

L'ESPRIT GLORIFIE CHRIST

Lorsque l'Esprit se déverse sur nous, nous pouvons parfois détourner nos yeux de Jésus pour les fixer sur les bénédictions de l'Esprit — chose que nous ne devons jamais faire. Il ne faut jamais oublier que l'Esprit travaille en nous dans le seul but de glorifier Christ : « Quand viendra l'Esprit de vérité, il vous conduira dans toute la vérité. Il ne parlera pas en son propre nom, mais il dira tout ce qu'il aura entendu et vous annoncera ce qui doit arriver. Il révèlera ma gloire, car il recevra de ce qui est à moi et vous l'annoncera » (Jean 16.13-14).

La vie remplie de l'Esprit est donc une vie centrée sur Christ, dirigée par Christ.

MARCHER PAR L'ESPRIT

La marche est un processus, et non un évènement ponctuel[103]. Le fait qu'un réveil est un évènement ponctuel peut prêter à confusion en ce qui concerne la marche par l'Esprit. Certes, il y a des moments ou des circonstances pendant lesquels Dieu investit son peuple de sa puissance d'une façon extraordinaire ; c'est ce que l'on appelle le réveil. Mais la vie chrétienne normale est principalement un processus, une marche avec Dieu. D'habitude, l'Esprit exerce une influence douce, et non une puissance irrésistible ou irrépressible. Si nous vivons une expérience spirituelle intense, c'est une prime, un cadeau de Noël, et non la norme. C'est une bénédiction accessoire, et non essentielle.

Vivre par l'Esprit, ce n'est pas vivre un évènement extraordinaire — c'est apprendre à nous soumettre de plus en plus à l'Esprit et à entraver de moins en moins son œuvre en nous.

Mais alors, comment l'Esprit dirige-t-il notre vie ? Comment fait-il pour nous influencer ? Quel est notre rôle dans le processus ? Il se peut que le passage qui offre la réponse la plus claire à ces questions se trouve dans la lettre aux Éphésiens, écrite par Paul :

> Ainsi, prenez bien garde à votre manière de vivre. Ne vous conduisez pas comme des ignorants, mais comme des sages. Faites un bon usage de toute occasion qui se présente à vous, car les jours que nous vivons sont mauvais. Ne soyez donc pas déraisonnables, mais efforcez-vous de comprendre ce que le Seigneur attend de vous. Ne vous enivrez pas : l'abus de vin ne peut que vous mener au désordre ; mais soyez remplis de l'Esprit Saint. Encouragez-vous les uns les autres par des psaumes, des hymnes et de saints cantiques inspirés par l'Esprit ; chantez des cantiques et des psaumes pour louer le Seigneur de tout votre cœur. Remerciez Dieu le Père en tout temps et pour tout, au nom de notre Seigneur Jésus-Christ (Éphésiens 5.15-20).

On pourrait bien se demander pourquoi Paul dresse ce contraste évident entre la plénitude de l'Esprit et l'abus du vin. Il doit exister un lien quelconque entre ces deux états pour que Paul les compare ainsi l'un à l'autre ? Ce qu'ils ont en commun, c'est le concept d'influence. Lorsque nous accueillons soit l'un ou l'autre en nous, il influence notre comportement.

En fait, ce passage en Éphésiens n'est pas le seul qui mentionne le vin et l'Esprit ensemble. Lorsque l'Esprit a été donné à la Pentecôte, on disait des apôtres : « Ils sont complètement ivres ! » (Actes 2.13), parce que l'influence de l'Esprit était similaire aux effets du vin.

Mais il y a une grande différence entre les effets de l'alcool et l'influence de l'Esprit. L'alcool fait de nous des esclaves de la chair, tandis que l'Esprit vient nous délivrer de cet esclavage. L'alcool éclipse notre personnalité, tandis que l'Esprit la réanime. Dieu nous dirige par son Esprit, alors que Satan utilise l'alcool pour nous maitriser. Néanmoins, l'alcool nous offre une image frappante (bien que négative) de l'influence qu'une substance peut avoir sur notre volonté et notre comportement.

L'influence exercée par l'alcool dépend de la quantité d'alcool que nous absorbons. De même, selon nos attitudes et nos actes, nous pouvons soit brimer l'influence que l'Esprit exerce sur nous, soit devenir plus sensibles à sa direction. C'est le sens même de la plénitude de l'Esprit : marcher avec Dieu, se soumettre à sa direction. (Le terme grec utilisé en Éphésiens 5 et traduit par le mot « rempli » est utilisé pour parler du vent qui remplit une voile, mais non d'un liquide qui remplit une coupe. C'est l'analogie de la voile qui capte le mieux le concept de la marche par l'Esprit : le vent de l'Esprit souffle, et nous ajustons la voile pour capter le vent et le suivre. L'analogie de la coupe pourrait nous faire croire, à tort, qu'être rempli de l'Esprit, c'est recevoir de plus en plus de l'Esprit.)

Alors, en quoi consiste la vie remplie de l'Esprit ? Comment pouvons-nous vivre le plus possible sous son influence ? Voici quelques principes qui jouent un rôle dans l'influence que l'Esprit exerce sur nos pensées, nos émotions, et notre volonté.

Le règne de Jésus-Christ

L'influence de l'alcool croît selon la quantité absorbée. Mais lorsque nous avons reçu l'Esprit, nous avons reçu une personne dans son entièreté, et non une substance qui s'accumule. L'influence de l'Esprit dépend plutôt de sa possession de nous ; plus nous accueillons pleinement son règne, plus il peut nous influencer.

Puisque c'est le cas, la question que nous devons nous poser est celle-ci : Désirons-nous que Jésus-Christ dirige les moindres facettes de notre vie (nos fréquentations, nos études, notre vocation, etc.) ? Bref, désirons-nous que Jésus devienne le Seigneur de tout ?

Ce n'est que lorsque nous lui confions tout, vraiment tout, enlevant ainsi tout obstacle à son influence, que nous commençons à vivre pleinement selon la puissance de l'Esprit. C'est ce qui se passe durant le réveil. S'il est vrai que la décision de se confier ainsi au Seigneur est souvent accompagnée d'une expérience forte, à la longue, l'influence de l'Esprit se fait sentir plus doucement, si du moins nous continuons à nous soumettre à la direction de Christ. Tout comme un fumeur ou un alcoolique s'habitue aux effets de l'alcool ou de la nicotine, nous nous habituons à la présence de l'Esprit et les émotions s'atténuent.

Accueillir Jésus comme Seigneur, c'est être prêt à le suivre sans réserve et sans condition. Cet engagement, comme tout autre engagement d'ailleurs, n'est que le premier pas d'un cheminement continu. En persistant dans cet engagement, nous découvrons tranquillement les racines profondes de notre péché et les domaines qui échappent à sa direction. En soumettant ces domaines au Seigneur lorsque nous en devenons conscients, nous réaffirmons notre décision de vivre sous son règne.

La confession

Au cours de la journée, de la semaine ou de l'année, nous choisissons parfois de pécher. Pécher, c'est reprendre la direction de notre vie dans le but de satisfaire à nos désirs charnels. La confession élimine cet obstacle et nous remet de nouveau sous la douce direction de l'Esprit.

La confiance (la prière constante)

Tout au long de la journée, nous faisons l'expérience de faiblesse, d'anxiété, de solitude, d'insécurité, d'épreuves, de tentations, de sentiments malsains, et ainsi de suite. Nous avons tous tendance à satisfaire nos besoins en nous confiant à quelque chose ou à quelqu'un. En observant les fumeurs, nous notons qu'ils allument une cigarette chaque fois qu'ils se sentent nerveux ou anxieux. S'ils manquent de confiance, ils fument. Les non-fumeurs se tournent vers autre chose en de tels moments : la nourriture, le sexe, la musique, le café, la consommation de biens, etc.

Dieu veut plutôt que nous nous fiions humblement à lui en nous détournant de tous ces substituts pour nous tourner vers lui pour chercher la satisfaction de tous nos besoins, incluant notre besoin de sagesse, de patience, de puissance, d'amour, de sécurité ou de confiance.

Tout comme le fumeur vit sous l'influence de la nicotine en se tournant constamment vers la cigarette, nous pouvons vivre sous l'influence de l'Esprit en nous tournant continuellement vers Dieu dans la prière : « Seigneur, je suis agité. Viens me fortifier. » « Seigneur, accorde-moi ta sagesse. » C'est ça, marcher par la foi, marcher par l'Esprit.

(Je vous présente mes excuses pour ces analogies concernant l'alcool et les autres dépendances, mais je tire mon inspiration des Écritures, et je trouve que ces exemples nous aident à comprendre comment vivre sous l'influence de l'Esprit.)

Le renouvèlement de l'intelligence

La prière et la Parole de Dieu sont les moyens que l'Esprit utilise pour renouveler notre intelligence, nous diriger et nous fortifier. Plus nous passons du temps dans la Parole et la prière, plus l'Esprit peut nous influencer.

La louange et les actions de grâce

Si vous avez déjà participé à un party d'étudiants ou visité un bar, vous comprendrez aisément l'importance de l'ambiance : la salle sombre, la musique rythmée, les vêtements osés, les conversations sexuellement explicites et l'alcool (qui lève les inhibitions). On a créé une ambiance qui encourage le péché. Rien ne vous force à prendre un verre ou à médire des autres ou à entretenir des pensées impures. La force n'est pas nécessaire. Vous n'avez qu'à écouter la musique et regarder les lampes à lave assez longtemps, et vous céderez à la tentation.

Comment cela s'applique-t-il à la vie de l'Esprit ? Si nous retournons à Éphésiens 5.19-20, nous lisons : « Encouragez-vous les uns les autres par des psaumes, des hymnes et de saints cantiques inspirés par l'Esprit ; chantez des cantiques et des psaumes pour louer le Seigneur de tout votre cœur. Remerciez Dieu le Père en tout temps et pour tout, au nom de notre

Seigneur Jésus-Christ. »

Paul décrit ici une ambiance qui facilite la marche par l'Esprit. Lorsque nous adorons Dieu, le louons et lui rendons grâce par des chants, notre cœur fait la fête, mais d'une façon saine et sainte. Dans une telle ambiance, Jésus est libre de régner en nous, libre d'influencer nos pensées, nos actions et nos sentiments.

La communion fraternelle

En vivant la communion fraternelle, nous faisons l'expérience d'une dynamique de la vie dans l'Esprit qui ne se vit qu'en communauté. Lorsque nous nous rencontrons ensemble, l'Esprit se sert de nos frères et de nos sœurs pour nous encourager, nous fortifier et nous diriger, grâce à sa présence en eux.

SOMMAIRE

Marcher par l'Esprit, c'est vivre selon ces principes au quotidien. Plus nous vivons selon ces principes, plus l'Esprit peut nous influencer. Son influence sera soit comme un goutte-à-goutte intraveineux, soit comme un torrent puissant ; tout dépend du degré d'intégration de ces principes dans notre vie.

Nous ne pouvons rien faire pour influencer le réveil (une conscience extrême et débordante de la présence de l'Esprit). Nous pouvons seulement demander à Dieu d'agir avec grande puissance pour transformer la vie des chrétiens tièdes et des non-croyants qui en ont désespérément besoin. Mais nous pouvons choisir de marcher par l'Esprit au quotidien en l'invitant à nous renouveler et à nous diriger.

Parfois, nous oublions ces vérités fondamentales concernant la marche par l'Esprit ; parfois, nous n'en avons même pas entendu parler. C'est pour cela que je vous invite à participer à l'aventure dans la prière présentée ci-dessous et rédigée par Keith Davy. Ce temps de prière selon les Écritures vous invite à réfléchir à la marche par l'Esprit dans le contexte d'un petit groupe de prière. Vous aurez l'occasion de confesser tout obstacle au règne de Christ en vous. Vous pourrez aussi passer du temps ensemble dans l'adoration et la louange, vous offrir de tout cœur à Dieu et vous assurer que l'Esprit vous dirige en tout et vous utilise au maximum. Je vous encourage fortement à vivre cette aventure dans la prière avec toutes les personnes que vous avez invitées à se joindre à vous pour prier pour le réveil et l'éveil.

SATISFAIT ? UNE AVENTURE DANS LA PRIÈRE

À noter : Vous n'avez pas à suivre ce format religieusement. Sentez-vous libre d'adapter cette aventure dans la prière aux besoins de votre groupe. La séance entière peut durer de 40 à 120 minutes, selon vos souhaits. Pour raccourcir le temps de prière, vous pouvez éliminer l'une ou plusieurs des activités optionnelles. Que Dieu vous accorde un merveilleux temps de célébration dans la présence puissante de l'Esprit !

(Divisez le groupe en sous-groupes de 3 ou 4 personnes pour permettre à chacun de participer pleinement au temps de prière et de faire l'expérience de tout ce que Dieu a préparé pour chacun.)

LA PROMESSE DE SATISFACTION

Satisfaction : (nom féminin) Action d'assouvir un besoin ou de contenter un désir.

Repensez au dernier mois. Quels trois mots utiliseriez-vous pour décrire votre vie chrétienne des 30 derniers jours ? Expliquer brièvement votre choix de mots les uns aux autres. La qualité de votre vie chrétienne vous satisfait-elle ? Désirez-vous une vie plus abondante ? Les réponses à ces questions peuvent varier beaucoup. Certains se diront tout à fait insatisfaits, d'autres un peu insatisfaits, d'autres assez satisfaits, et d'autres encore très satisfaits. Mais je crois que la plupart d'entre nous désirent une relation encore plus profonde avec Dieu.

Jésus a dit : « Si quelqu'un a soif, qu'il vienne à moi et qu'il boive. "Celui qui croit en moi, des fleuves d'eau vive jailliront de son cœur", comme dit l'Écriture » (Jean 7.37-38). Jean, l'auteur biblique, a continué en expliquant : « Jésus parlait de l'Esprit de Dieu que ceux qui croyaient en lui allaient recevoir » (Jean 7.39).

Le Saint-Esprit vient satisfaire la soif, ou les plus profondes aspirations, de tous ceux qui croient en Jésus-Christ. Donc, cette aventure dans la prière met l'accent sur le don de l'Esprit.

LE DON DIVIN

Divin : (adjectif) relatif à Dieu, donné par Dieu.

Dieu nous a donné son Esprit pour que nous puissions expérimenter une réelle intimité avec lui et profiter de tout ce qu'il a en réserve pour nous. L'Esprit est la source ultime de satisfaction.

Optionnel : Si vous êtes à court de temps, allez directement au verset 1 Corinthiens 2.12.

> Cinq fois dans son dernier discours en Jean, Jésus parle des dons de l'Esprit. En groupes de 3 ou 4 personnes, lisez les promesses contenues dans les versets ci-dessous et fondez-vous sur elles pour adorer et louer le Seigneur. (Pour faciliter ce processus, vous pouvez imprimer ces versets sur une feuille ou les projeter sur un écran).
>
> Je demanderai au Père de vous donner quelqu'un d'autre pour vous venir en aide, afin qu'il soit toujours avec vous : c'est l'Esprit de vérité. Le monde ne peut pas le recevoir, parce qu'il ne peut ni le voir ni le connaitre. Mais vous, vous le connaissez, parce qu'il demeure avec vous et qu'il sera toujours en vous (Jean 14.16-17).
>
> Celui qui doit vous venir en aide, le Saint-Esprit que le Père enverra en mon nom, vous enseignera tout et vous rappellera

tout ce que je vous ai dit (Jean 14.26).

« Celui qui doit vous venir en aide viendra : c'est l'Esprit de vérité qui vient du Père. Je vous l'enverrai de la part du Père et il me rendra témoignage. Et vous aussi, vous me rendrez témoignage, parce que vous avez été avec moi depuis le commencement » (Jean 15.26-27).

Cependant, je vous dis la vérité : il est préférable pour vous que je parte ; en effet, si je ne pars pas, celui qui doit vous venir en aide ne viendra pas à vous. Mais si je pars, je vous l'enverrai. Et quand il viendra, il prouvera aux gens de ce monde leur erreur au sujet du péché, de la justice et du jugement de Dieu. Quant au péché, il réside en ceci : ils ne croient pas en moi ; quant à la justice, elle se révèle en ceci : je vais auprès du Père et vous ne me verrez plus ; quant au jugement, il consiste en ceci : le dominateur de ce monde est déjà jugé (Jean 16.7-11).

Quand viendra l'Esprit de vérité, il vous conduira dans toute la vérité. Il ne parlera pas en son propre nom, mais il dira tout ce qu'il aura entendu et vous annoncera ce qui doit arriver. Il révèlera ma gloire, car il recevra de ce qui est à moi et vous l'annoncera. Tout ce que le Père possède est aussi à moi. C'est pourquoi j'ai dit que l'Esprit recevra de ce qui est à moi et vous l'annoncera (Jean 16.13-15).

Dans sa lettre aux Corinthiens, Paul nous dit que le Saint-Esprit nous révèle la vérité et nous donne la sagesse : « Or nous, nous n'avons pas reçu l'esprit du monde, mais l'Esprit qui vient de Dieu, afin que nous connaissions les choses que Dieu nous a données par sa grâce » (1 Corinthiens 2.12).

[Dans vos groupes de 3 ou 4 personnes, utilisez de courtes phrases pour remercier Dieu pour tout ce qu'il vous a donné en Jésus-Christ et tout ce que

l'Esprit vous a aidé à comprendre et à vivre. Soyez précis. Voici quelques exemples : « *Merci, Seigneur, de m'avoir révélé ton amour par ton Saint-Esprit.* » « *Merci, Seigneur. Par ton Esprit, tu m'as révélé ta sagesse et ta connaissance.* »*]*

LE DANGER PRÉSENT

Danger : (nom masculin) une menace, un risque, quelque chose qui met en péril l'existence d'une personne ou d'une chose.

Nous ne pouvons expérimenter l'intimité avec Dieu et profiter de tout ce qu'il nous offre si nous négligeons de dépendre de son Esprit. Nos échecs trouvent leur source dans l'un ou l'autre de deux problèmes. La vie chrétienne est comme une voie étroite ; nous pouvons facilement glisser de la voie pour nous trouver dans le fossé d'un côté ou de l'autre.

D'un côté, nous commençons à nous fier à nos propres efforts et à nos propres forces pour vivre la vie chrétienne. C'est une raison majeure pour laquelle nous connaissons la défaite et la frustration. « Comment pouvez-vous être aussi insensés ? Ce que vous avez commencé par l'Esprit de Dieu, voulez-vous l'achever maintenant par vos propres forces ? » (Galates 3.3.)

Lorsque nous découvrons la futilité de vivre ainsi, alors, nous pouvons tomber dans le fossé de l'autre côté de la voie. Nous pouvons cesser nos efforts et choisir de vivre selon nos désirs égoïstes plutôt que pour Dieu. « Car notre propre nature a des désirs contraires à ceux de l'Esprit, et l'Esprit a des désirs contraires à ceux de notre propre nature : ils sont complètement opposés l'un à l'autre, de sorte que vous ne pouvez pas faire ce que vous voudriez » (Galates 5.17). C'est alors que notre vie commence à manifester les symptômes d'une vie mondaine, charnelle. « En réalité, frères, je n'ai pas pu vous parler comme à des gens qui ont l'Esprit de Dieu : j'ai dû vous parler comme à des gens de ce monde, comme à des enfants dans la foi chrétienne. C'est du lait que je vous ai donné, non de la nourriture solide, car vous ne l'auriez pas supportée. Et même à présent vous ne le pourriez pas, parce que vous vivez encore comme des gens de ce monde. Du moment qu'il y a de la jalousie et des rivalités entre vous, ne montrez-vous pas que vous êtes des gens de ce monde et que vous vous conduisez d'une façon tout humaine ? » (1 Corinthiens 3.1-3.)

[Prenez le temps de vous confesser en silence. Invitez l'Esprit à vous sonder et à vous révéler tout symptôme d'autosuffisance ou d'égocentrisme. Confessez tout à Dieu pour ensuite vous approprier son pardon selon 1 Jean 1.9.]

LA QUÊTE D'INTIMITÉ

En marchant par l'Esprit, nous expérimentons une intimité croissante avec Dieu et nous profitons de tout ce qu'il a en réserve pour nous. Marcher par l'Esprit à chaque instant, c'est apprendre une nouvelle façon de vivre : dépendre du Saint-Esprit pour ses ressources abondantes. Alors que nous marchons par l'Esprit, nous avons la capacité de vivre une vie qui plaît à Dieu. « Voici donc ce que j'ai à vous dire : laissez le Saint-Esprit diriger votre vie et vous n'obéirez plus aux désirs de votre propre nature. L'Esprit nous a donné la vie ; laissons-le donc aussi diriger notre conduite » (Galates 5.16, 25).

Voici une description de la vie que l'Esprit rend possible : « Mais ce que l'Esprit Saint produit, c'est l'amour, la joie, la paix, la patience, la bienveillance, la bonté, la fidélité, la douceur et la maitrise de soi. La loi n'est certes pas contre de telles choses ! » (Galates 5.22-23.)

[Réfléchissez à votre situation présente. Quelle qualité vous faut-il le plus ? Rappelez-vous que c'est l'Esprit qui produit ces qualités en vous. Priez en petits groupes, en vous appropriant le fruit de l'Esprit par la foi (l'amour pour une personne quelconque, la joie dans l'épreuve, la paix, etc.). Si vous devenez conscient que certaines de vos attitudes ou de vos réactions déplaisent à Dieu (voir Romains 3.23), respirez spirituellement. Expirez tout ce qui est impur en confessant tout péché dont vous êtes conscient et en remerciant Dieu pour son pardon ; ensuite, inspirez en exprimant votre confiance en l'Esprit et en

l'invitant à diriger votre vie entière.]

LA PUISSANTE PRÉSENCE

Puissance : (nom) pouvoir d'exercer de l'autorité, d'avoir une influence.

Nous sommes remplis de l'Esprit par la foi, ce qui nous rend capables d'expérimenter l'intimité avec Dieu et de profiter de tout ce qu'il a en réserve pour nous. L'essence de la vie chrétienne, c'est ce que Dieu fait en nous et à travers nous, et non pas ce que nous faisons pour Dieu. La vie de Christ est reproduite dans le croyant par la puissance du Saint-Esprit. Être rempli de l'Esprit signifie être dirigé et fortifié par lui. C'est par la foi que nous expérimentons la puissance de Dieu, grâce au Saint-Esprit.

Paul a prié ainsi pour les croyants bienaimés d'Éphèse : « Je lui demande que, selon la richesse de sa gloire, il fortifie votre être intérieur par la puissance de son Esprit, et que le Christ habite dans vos cœurs par la foi. Je demande que vous soyez enracinés et solidement établis dans l'amour » (Éphésiens 3.16-17).

[Dans vos petits groupes, adressez cette prière les uns pour les autres. Priez pour que vous soyez tous fortifiés dans votre être intérieur par la puissance du Saint-Esprit, afin que Christ puisse vivre sa vie en vous et par vous.]

> Optionnel : Dans vos groupes, priez pour chacune des personnes envers lesquelles vous exercez un ministère. Priez qu'ils connaissent la puissance de l'Esprit et l'amour de Dieu. « Je demande que vous soyez enracinés et solidement établis dans l'amour, pour être capables de comprendre, avec l'ensemble du peuple de Dieu, combien l'amour du Christ est large et long, haut et profond. Oui, puissiez-vous connaitre son amour — bien qu'il surpasse toute connaissance — et être ainsi remplis de toute la richesse de Dieu » (Éphésiens 3.17-19).

LE TOURNANT

Tournant : (nom masculin) Changement important dans le cours des évènements.

Nous voulons tous avoir l'assurance que nous vivons selon la plénitude de l'Esprit aujourd'hui et à l'avenir.

Avant de conclure ce temps de prière, examinez votre cœur une dernière fois, en vous posant les trois questions ci-dessous :

> Ai-je sincèrement soumis la direction de ma vie entière au Seigneur Jésus-Christ ? (Romains 12.1-2)
>
> Ai-je confessé tous mes péchés en me fiant à la promesse en 1 Jean 1.9, pour ensuite m'en détourner et retourner de tout cœur à Dieu ?
>
> Est-ce que je désire sincèrement vivre sous la direction du Saint-Esprit et par sa puissance ? (Jean 7.37-39)

Si vous avez répondu « oui » à ces questions, alors, appropriez-vous la plénitude de l'Esprit par la foi, selon son commandement (Éphésiens 5.18) et sa promesse (1 Jean 5.14-15).

Dieu nous commande d'être remplis de l'Esprit pour que nous puissions mieux comprendre et mieux vivre notre intimité avec lui et nous réjouir de tout ce qu'il nous donne par sa grâce. Si vous n'avez pas pu répondre « oui » à ces trois questions, j'aimerais vous encourager à prendre du temps seul avec Dieu pour lui parler de ce qui vous empêche de faire l'expérience de son amour et de sa provision. Si cela ne suffit pas, demandez à un chrétien plus mûr de vous rencontrer pour que vous puissiez en parler et prier ensemble.

Nous avons besoin les uns des autres, comme nous le dit l'épitre aux Hébreux : « Encouragez-vous donc les uns les autres chaque jour tant que dure "l'aujourd'hui" dont parle l'Écriture, afin qu'aucun de vous ne refuse de comprendre, en se laissant tromper par le péché. En effet, nous sommes les compagnons du Christ, si nous gardons fermement jusqu'à la fin la confiance que nous avons eue au commencement » (Hébreux 3.13-14).

NOTE : Offrez à chaque participant un exemplaire du livret *Satisfait ?* et encouragez chacun à le relire régulièrement, à l'utiliser pour prier comme ils l'ont fait aujourd'hui, et à le partager avec autrui.

NOTES DE FIN

INTRODUCTION

[1] Charles Malik, *The Two Tasks*, Westchester, Cornerstone, 1980, page 26, traduction libre.

VOLTEFACE SUR LES CAMPUS

[2] Cité dans David Bryant, *In the Gap*, Venture, Regal, 1984, page 97, traduction libre.

[3] Douglas A. Sweeny, *The American Evangelic Story*, Grand Rapids, Baker, 2005, pages 27-48, traduction libre.

[4] Cité dans John Telford, *The Life of John Wesley*, New York, Hunt and Eaton, sans date, page 117, traduction libre.

[5] Wesley Duewel, *Revival Fire*, Grand Rapids, Zondervan, 1995, page 57, traduction libre.

[6] Albert D. Belden, George Whitefield, *The Awakener*, London, Low, Marston, & Co., sans date, page 65, traduction libre.

[7] Robert Coleman, *The Coming World Revival*, Wheaton, Crossway, 1995, page 25, traduction libre.

[8] J. I. Packer, *A Quest for Godliness*, Wheaton, Crossway, 1990, page 36, traduction libre.

[9] David Bryant, *The Hope at Hand*, Grand Rapids, Baker, 1996, page 74, traduction libre.

[10] Cité dans *How to Make Your Mark*, San Bernardino, Campus Crusade for Christ, 1983, page 19, traduction libre.

[11] Earle E. Cairns, *An Endless Line of Splendor*, Wheaton, Tyndale,

1986, pages 20-21, traduction libre.

[12] Bill Bright, *The Coming Revival*, Orlando, New Life, 1995, pages 81-82, traduction libre.

[13] Cité dans J. Edwin Orr, *Campus Aflame*, Chicago, Moody Press, 1972, page 119, traduction libre.

[14] Richard M. Riss, *20th Century Revival Movements*, Peabody, Hendrickson, 1988, pages 125-30, traduction libre.

[15] James S. Stewart, *Heralds of God* (New York: C. Scribner & Sons, 1946), tel que cité dans Bill Bright, Discover the Real Jesus (Wheaton, IL: Tyndale House Publishers, Inc., 2004) page 160, traduction libre.

[16] Charles Finney, *Revival Lectures* (Westwood, NJ: Revell, sans date), page 33, traduction libre. Richard M. Riss, 20th Century Revival Movements, Peabody, Hendrickson, 1988, pages 125-30, traduction libre.

ÉVEILLÉ À SEIZE ; ÉVEILLEUR À VINGT-SIX

[17] Ernest Baker, *The Revivals of the Bible*, Cape Town, T. Mashew Miller, 1986, page 83, traduction libre.

[18] Timothy C. Wallstrom, *The Creation of a Student Movement to Evangelize the World*, Pasadena, William Carey International University Press, 1980, pages 24-25, traduction libre.

[19] J. Edwin Orr, *Campus Aflame*, Glendale, Regal, 1972, page 27, traduction libre.

[20] Ibid., page 54, traduction libre.

[21] Lettre citée dans Robert Coleman, *The Coming World Revival*, Wheaton, Crossway, 1995, pages 89-90, traduction libre.

[22] Cité dans Richard M. Riss, *20th Century Revival Movements*, Peabody, Hendrickson, 1988, page 32, traduction libre.

[23] Ibid., traduction libre.

[24] Ibid., page 35, traduction libre.

[25] Ibid., page 36, traduction libre.

[26] Ibid., page 40, traduction libre.

[27] Ibid., page 39, traduction libre.

[28] Ibid., page 46, traduction libre.

[29] Peter Lundell et Elaine Pettit, *When God Bursts In*, Kansas City, Beacon Hill, 2005), pages 39-40, traduction libre.

[30] Cité dans Riss, pages 31-32, traduction libre.

CINQ PRÉREQUIS POUR LE RÉVEIL

[31] James Burns, *The Laws of Revival*, Grand Rapids, Baker, 1960, traduction libre

[32] Cité dans Stephen F. Olford, *Lord, Open the Heavens*, Wheaton, Harold Shaw, 1980, page 92, traduction libre.

[33] C.S. Lewis, *The Problem of Pain*, San Francisco, Harper, 2001, traduction libre.

[34] Cité dans Richard M. Riss, 20th Century Revival Movements, Peabody, Hendrickson, 1988, page 32, traduction libre.

[35] Cité dans Dale Shalfer, *Revival 101*, Colorado Springs, NavPress, 2003, pages 13-14, traduction libre.

[36] Andrew Woolsey, *Channel of Revival*, Sandbach, Faith Mission, 1982, page 114.

[37] Ibid., page 120, traduction libre.

[38] Kathie Walters, *Bright and Shining Revival*, Macon, Good News Fellowship, 2000, traduction libre.

L'HUMILITÉ ET SON RÔLE DANS LE RÉVEIL

[39] Jonathan Edwards, *Les soixante-dix résolutions de Jonathan Edwards*, 1723, [en ligne], [http://xavierlavie.blogspot.ca/p/au-coeur-du-reveil.html], (consulté novembre 2012).

[40] Philip E. Howard fils, *The life and Diary of David Brainerd*, Grand Rapids, Baker, 1992, traduction libre.

[41] Ibid., traduction libre.

[42] Earle E. Cairns, *An Endless Line of Splendor*, Wheaton, Tyndale, 1995, page 166, traduction libre.

[43] Wesley Duewel, *Revival Fire*, Grand Rapids, Zondervan, 1995, page 173, traduction libre.

[44] J. Edwin Orr, *Evangelical Awakenings in Africa*, Minneapolis, Hendrickson, 1988, pages 31-32, traduction libre.

[45] Richard M. Riss, *20th Century Revival Movements*, Peabody, Hendrickson, 1988, pages 31-32, traduction libre.

[46] Vinson Synan, *In the Later Days*, Fairfax, Xulon Press, 1984, page 58, traduction libre.

[47] Bill Bright, *The Coming Revival*, Orlando, New Life, 1995, page 92, traduction libre.

[48] J. Edwin Orr, *Campus Aflame*, Glendale, Regal, 1971, page 105, traduction libre.

[49] Billy Graham, *Tel que je suis, l'autobiographie de Billy Graham*, Avesnes sur Helpe, Eternity Publishing House, 1997, pages 160-161

[50] « The Church Search », Time, 5 avril 1993, page 49, traduction libre.

CONFESSION ET REPENTANCE

[51] Charles Finney, *Revival Lectures*, Westwood, Fleming H. Revell, aucune date, conférence 1, section 2, traduction libre.

[52] Archives de IVCF, juin 1995, [en ligne], [http://www.wheaton.edu], traduction libre.

[53] J. Edwin Orr, *The Role of Prayer in Spiritual Awakening* (vidéo), Campus Crusade for Christ, traduction libre.

[54] J. Oswald Sanders, *Prayer Power Unlimited*, Chicago, Moody Press, 1977, pages 147-148, traduction libre.

[55] « Eight Days That Shook Ashbury », WorldWide Challenge, mars 1983, page 19, traduction libre.

[56] J. Edwin Orr, *Campus Aflame*, Glendale, Regal, 1971, page 231.

[57] Wesley Duewel, *Revival Fire*, Grand Rapids, Zondervan, 1995, page 152, traduction libre.

[58] Ibid., pages 152-153, traduction libre.

[59] Ibid., page 154, traduction libre.

[60] Orr, *Campus Aflame*, page 114, traduction libre.

[61] Stephen F. Olford, *Lord, Open the Heavens*, Wheaton, IL: Harold Shaw, 1980, page 86, traduction libre.

L'EXEMPLE SUPRÊME DE PRIÈRE

[62] S.D. Gordon, *Simples entretiens sur la prière*, Nouvelle édition numérique, France, Yves Petrakian, 2011, [http://456-bible.123-bible.com/livres1/gordon_simples_entretiens_priere.htm], chapitre 1, section 1.

[63] J. Edwin Orr, *Campus Aflame*, Glendale, Regal, 1971, traduction libre.

[64] Cité dans Stephen F .Olford, *Lord, Open the Heavens*, Wheaton, Harold Shaw, 1980, pages 62-63, traduction libre.

[65] Arthur Wallis, *Revival: The Rain from Heaven*, Tappan, Revell, 1979, page 51, traduction libre.

[66] Wesley Duewel, *Revival Fire*, Grand Rapids, Zondervan, 1995, page 134, traduction libre.

[67] Cité dans Douglas A. Sweeney, *The American Evangelical Story*, Grand Rapids, Baker, 2005, page 43, traduction libre.

[68] Cité dans J. Oswald Sanders, *Prayer Power Unlimited*, Chicago, Moody Press, 1977, page 33, traduction libre.

LA PUISSANCE DE LA PRIÈRE FERVENTE

[69] Bill Bright, « The Great Adventure », Worldwide Challenge, May-June 1994, page 45, traduction libre.

[70] J. Edwin Orr, pendant un cours à Fuller Theological Seminary, traduction libre.

[71] Charles Finney, *Revival Lectures*, Westwood, Revell, sans date, pages 52-58, traduction libre.

[72] *America's Greatest Revivals*, Minneapolis, Bethany, 2004, pages 52-58, traduction libre.

[73] Jonathan Edwards, *A Call to United Extraordinary Prayer*, Fearn, Christian Focus, 2004, traduction libre.

[74] Charles Finney, op.cit., page 137, traduction libre.

[75] Cité dans Manny Hooper, *Worldwide Awakening and Revivals*, 1700 Onwards, Pasadena, Research Center for Revival and Missions, 1989, pages 6-7, traduction libre.

[76] David Bryant, *The Hope at Hand*, Grand Rapids, Baker, 1996, page 116, traduction libre.

[77] J. Oswald Sanders, *Prayer Power Unlimited*, Chicago, Moody Press, 1977, page 154, traduction libre.

[78] Ibid., traduction libre.

[79] Joon Gon Kim, *It Only Takes a Fireseed*, lettre du directeur du ministère étudiant des États-Unis, Campus Crusade for Christ, 27 avril 1982, traduction libre.

[80] Bill Bright, *The Holy Spirit and Revival*, lettre aux équipiers du siège social de Campus Crusade for Christ, printemps 1993, traduction libre.

[81] Peter Gregg et Dave Roberts, *Red Moon Rising*, Orlando, Relevant, 2005, pages 119-122, trouvé en ligne en français, [http://www.24-7prayer.ca/index.php?catid=16&blogid=2], consulté novembre 2012.

[82] Cité dans Wesley Duewel, *Revival Fire*, Grand Rapids, Zondervan, 1995, page 217, traduction libre.

[83] Ibid., page 217, traduction libre.

[84] Ibid., pages 216-252.

[85] Leonard Ravenhill, « No wonder God wonders », Great Commission Prayer League, traduction libre.

RÉSULTATS D'UN ÉVEIL SPIRITUEL ÉTUDIANT

[86] Citation tirée de J. Edwin Orr, *Campus Aflame*, Glendale, Regal, 1971, page 226, traduction libre.

[87] Ibid., page 77, traduction libre.

[88] Robert Coleman, *One Divine Moment*, Tappan, Revell, 1970, pages 27-43, traduction libre.

[89] « Interview with James Montgomery Boice », Discipleship Journal, Issue 11, 1982, page 43, traduction libre.

[90] Cité dans Timothy C. Wallstrom, *The Creation of a Student Movement to Evangelize the World*, Pasadena, William Carey International

University Press, 1980, page 35, traduction libre.

[91] Joseph Tson, *Revival Forum*, www.sermonindex.net, traduction libre.

[92] Citation tirée de C. L. Culpepper, *The Shantung Revival*, Atlanta, Crescendo, 1971, page 30, traduction libre.

[93] Robert Coleman, *One Divine Moment*, traduction libre.

[94] W.S. Tyler, *Prayer for Colleges*, New York, M.W. Dodd, 1855, pages 142-143, traduction libre.

[95] Robert Coleman, *The Coming World Revival*, Wheaton, Crossway, 1995, page 48, traduction libre.

[96] Cité dans C.L. Culpepper, op. cit., page 63, traduction libre.

[97] Erwin Lutzer, *Flames of Freedom*, Chicago, Moody, 1976, page 68, traduction libre.

[98] Wesley Duewel, *Revival Fire*, Grand Rapids, Zondervan, 1995, page 134, traduction libre.

CONCLUSION

[99] Stephen F. Olford, *Lord, Open the Heavens*, Wheaton, Harold Shaw, 1980, page 11, traduction libre.

[100] Jonathan Edwards, *L'Union dans la prière pour la propagation de l'Évangile*, Paris, H. Servier, 1748, page 27, livre numérique google, numérisé le 28 juillet 2009.

[101] Jonathan Edwards, *A Call to United Extraordinary Prayer*, Fearn, Christian Focus, 2004, pages 22- 23, traduction libre.

[102] André Versaille, éditeur. *Les 50 discours qui ont marqué la 2e Guerre mondiale*, Anjou, Les éditions CEC, 2010, page 173.

POSTFACE : SATISFAIT ?

[103] Rick James, *In Transition*, Orlando, Cru Press, 2007, pages 95-96.

www.ingramcontent.com/pod-product-compliance
Lightning Source LLC
Chambersburg PA
CBHW061324040426
42444CB00011B/2773